国家と秘密
隠される公文書

久保 亨 Kubo Toru
瀬畑 源 Sebata Hajime

a pilot of wisdom

目次

図表作成・付録組版／株式会社マザー

序章　もともと秘密だらけの公文書

——情報公開の後進国日本

久保　亨

日本の安全保障に関するもので行政が秘匿《ひとく》する必要があると判断した情報を「特定秘密」に指定し、その漏洩《ろうえい》に対しては最高で懲役一〇年という重い罰則を科すことができる特定秘密保護法（正式名称「特定秘密の保護に関する法律」）は、二〇一三（平成二五）年一二月六日、自民、公明両党による強行採決によって成立しました。

しかし、その条文を見てみると、「特定秘密」の適用範囲が曖昧《あいまい》で広い範囲に及ぶ上、行政による「特定秘密」指定という判断が適切か否かを専門的な第三者機関がきちんとチェックする仕組みも定められていないなど、たいへん大きな問題が存在しています。これでは、「特定秘密」の名の下に、行政が国民に重要な情報を知らせず、責任も負わず、ひたすら暴走していく可能性を否定できないでしょう。

そして、この法律の成立が近年進められてきた行政に関する情報の公開と公文書の整理公開という時代の流れに逆行するものであることは、すでに多くの論者によって指摘されてきましたし、もとよりそれに異論はありません。

しかし、法案に対する反対運動のなかで聞かれた「知る権利が犯される」という声には、近現代史の研究にたずさわり、日本の情報非公開と公文書管理の立ち遅れを日々痛感している者としては、しばしばある種の違和感を覚えざるを得ませんでした。

そもそも犯されるというに足るほどの知る権利を、戦後日本の国民は、持っていたのでしょうか？

「戦前に逆戻り」といいますが、戦後、情報の公開と公文書の利用条件は、戦前と比べてそれほど進んでいたのでしょうか？

本書は、現代日本における行政文書の公開とその保存利用条件がどのような状況に置かれ、どのような問題を持っているかを具体的に明らかにすると共に、その改善が徐々に進み始めた矢先、それに冷や水を浴びせるようにして起きた特定秘密保護法制定の動きを歴史的に位置づけ、今後の課題を展望しようとするものです。

1　霞が関に疎遠な竹橋

首相の国立公文書館初視察

特定秘密保護法案をめぐる国会審議が始まり、それに反対する声が国会の内外で広がり始めた二〇一三年一一月一一日、安倍晋三《あべしんぞう》首相が千代田区竹橋にある国立公文書館を突如訪れ、同館の施設と展示、そして内部の書庫などの業務を視察するという〝事件〟がありました。報道によれば、日本国憲法の原本などを見て回った首相は、「歴史的な文書が適切に公開されているという印象を受けた」と語ったそうです。

一九七一（昭和四六）年に設立された国立公文書館は、歴史的に重要な行政文書の公開とその保存利用にたずさわる、国の中心的な施設。行政文書の取扱いに深く関わる特定秘密保護法案を性急にまとめ、国会審議に付した後で同館を視察するとは、いかにも「泥棒を捕らえて縄をなう」ような対応と言わざるを得ません。

しかし現職首相の同館視察（展示の「参観」などは前例があるとはいえ）は、公文書館の建つ竹橋が首相官邸のある永田町や官庁街の霞が関から目と鼻の先であるにもかかわらず、実に四二年前の同館建設以来初めてであり、やはり一つの事件ではありました。ことほどさように、現代日本の政治の中で公文書の扱いは疎んじられてきたのです。

無いも同然の経済財政文書

地域開発や環境の保護、年金問題、税制問題など国民生活に直接関わる経済財政政策について、その政策が決められた事情や背景、あるいはその実施状況を過去にさかのぼって検討しようとすれば、当然のことながら経済産業省、農林水産省、環境省、厚生労働省、財務省などの公文書を調べなければならない、と誰もが思うでしょう。

実際、それぞれの省庁では、過去、膨大な量の文書が作成されてきました。ところが国立公文書館を訪ねても、これまで、そうした文書類はほとんど目にすることができなかったのです。

なぜなら、保存されるべき文書が選別されず、公文書館へ系統的に移管されてこなかったからです。近年にいたり、『商工政策史』、『通商産業政策史』の編纂に用いられた文書などがようやく移管されてきましたが、それはあくまで経済財政関係文書という大きな山の一角に過ぎません。

では、残りの文書類はどうなっているかというと、そのまた一部が各省庁や官僚個人の手元に保管されている以外、大半は棄却されてきたのです。その結果、例えば水質汚染や大気汚染による健康被害に関し、行政関係機関と一人ひとりの担当者が、どのような情報に基づきどのような政策判断をしてきたか、責任の所在はどこにあるのかということは、大部分が闇に包まれてきましたし、今もそうなのです。

行政機関における文書隠しが問題になった事件の一つに、薬害エイズ事件があります。

これは、一九八〇年代に血友病患者の治療に非加熱製剤が使用され、多数のＨＩＶ感染者およびエイズ患者を生み出したという事件であり、厚生省（現厚生労働省）の薬事行政の責任が厳しく問われました。そして一九八九（平成元）年から開始された民事裁判の過程で、一九九六（平成八）年一月から四月にかけ次々に厚生省の倉庫から関連する文書ファイルが見つかって公開され、国の行政責任が明らかになったのです。

もし、一連の文書ファイルが整理され、必要に応じて公開され閲覧できる状態になっていたら、裁判は早期に決着していた可能性が高いですし、そもそも裁判を起こす必要もなかったかもしれません[*1]。

また、水俣病を例にとると、すでに一九五二（昭和二七）年に水俣市漁業協同組合の要請を受けた熊本県水産課の担当者がチッソ（当時の社名は新日本窒素肥料株式会社）の廃水を調査した報告書があり、そこですでに水質汚染の危険性が指摘されていました。もしもこの報告書が公文書管理の原則に基づき公開されていたならば、水俣病の甚大な被害はくいとめられていた可能性が高かったのです。しかし、残念ながらこの文書は埋もれてしまい、公文書館などに保管されることもなく、十分活用されずに終わりました[*2]。

このように適切な情報開示と公文書管理がともなわない状況は、行政の責任を問えない、行政は責任を問われないということであり、国民の利益に反する結果を招くことになるのです。

一方、欧米の場合、第四章で触れるように、まさにそうした問題に関わる公文書が公開され閲覧できるようになっているため、各行政機関も、一人ひとりの官僚も強い責任感を持って政策判断をせざるを得ないという状況があります。

遅々たる戦後外交文書公開

もっとも、国の公文書公開は、まったく行われてこなかったわけではありません。特に国と国との外交に関わる外交文書に関しては、一九五八（昭和三三）年という比較的早い時期に戦前の外交文書が研究者に公開されるようになり、国立公文書館開館と同じ一九七一年には外務省が管轄する外交史料館が開設され、文書の公開・利用が行われてきたのです。明治以来の外国との条約や取り決め、それが成立するまでの交渉過程、在外公館からの外国事情に関する報告など、およそ対外政策の決定とその実施に関わるさまざまな文書が同館には保管され、一般の閲覧に供されています。ただし、その外交文書の公開・利用にしても、実際には多くの制約がつきまとっていました。

一九二〇～一九四〇年代の日中関係を例にとりますと、中国現地にあった領事館などからの報告がかなり残されている反面、その領事館に対し外務省本省の側が発した指示が系統的に保存されておらず、日本の対中国外交の全体像を把握するのが容易ではない、という場合が多いのです。

特に一九四五（昭和二〇）年以降の戦後の文書に関しては、少しずつ公開が進んでいるとはいえ、その範囲は、極めて限定されてきました。その結果、戦後の日本外交を対象とする現代史研究では、自国の史料を十分に用いることができず、日米関係についてはアメリカの外交文書に頼って研究が進められ、日台関係に関しては台湾側の文書によって研究が進むという状況になっているのです。これでは日本側の立場や政策判断、責任の所在などを十分明らかにすることはできないですし、歴史的な評価を下すことも難しいと言わざるを得ません。

2 情報非公開の近現代日本

満洲事変勃発《ぼっぱつ》時の情報隠し

公文書の非公開は今に始まったことではありません。そして、大切な情報が公開されなかったため、戦前から国民は何度も煮え湯を飲まされてきたのです。例えば、日本を戦争への道に引きずり込んだ一九三一（昭和六）年の満洲事変を例にとってみましょう。

物証や関係者の証言により、満洲事変のきっかけとなった九月一八日の柳条湖での鉄道爆破事件が出先の日本軍（満洲駐屯の関東軍）による謀略であったことは、すでに史実として明白になっています。日本の権益であった鉄道線路（南満洲鉄道株式会社線）を日本軍自身が爆破し、それを中国軍のしわざと偽り、その虚偽を口実に「中国を懲らしめる」軍事行動を開始したのでした。

軍はそのことを秘密にしました。しかし、爆破が日本軍の謀略ではないかという観測は、当時、外交官などからの連絡により日本政府の中にも流れていたのです。にもかかわらず、その情報は戦後にいたるまで公開されませんでした。

もしそうした情報が秘密にされず、謀略による戦争であることが国民に知らされていたなら、満洲事変に対する国民の熱狂的な支持は当然薄れていたでしょうし、政治に対する軍部の影響力も減退していたに違いありません。情報がきちんと公開されていれば、日本は戦争への道に踏み込まずに済んだかもしれないのです。

太平洋戦争前夜の戦力比較

似たような事態は、一九四一（昭和一六）年の対米英戦争を始めた時にも発生しました。加藤陽子（東京大学教授／歴史学）が指摘しているように、太平洋戦争の開戦前、海軍は米英と戦った場合に撃沈される可能性がある船舶の被害総数を試算しましたが、それを過小に報告していたのです。そして議会で国防方針などを質問されても、「軍事機密」を理由に被害総数の見通しを明らかにしませんでした。[*3]

その結果、議場にいた議員たちはもちろんのこと、他の政治家や官僚の間にも、大多数の国民の間にも、対米英戦争を開始しても、あたかも日本がある程度の戦力を保持できるような幻想がまき散らされ、安直な開戦決定が導かれるにいたったのです。国の政策決定を左右する情報が秘密にされ、検証されずに招いた結末を考える必要があります。

沖縄返還密約

一九七二（昭和四七）年の沖縄返還時の「核密約」と呼ばれる事件も、情報公開の立ち遅れが日本の平和と安全を脅かした典型的な事件でした。核密約とは、沖縄返還交渉の過程で一九六九（昭和四四）年一一月に日米間で成立した、有事の際に沖縄へ核兵器を持ち込むことを認める合意のことです。この合意内容は、一九六八（昭和四三）年に日本政府が宣言した「核兵器を持たず・作らず・持ち込ませず」とする非核三原則と矛盾する内容であったため、国民に対しては秘密に付されていました。しかし交渉当時から、そのような合意が日米間に存在するのではないかという疑惑が持たれ、一九九四（平成六）年には、交渉関係者がその存在を明らかにしたことから、いっそう大きな問題となったのです。[*4]

その後、世論の批判を受けて設けられた外務省の有識者委員会も、二〇一〇（平成二二）年三月、合意議事録の存在を確認する報告書をまとめました。[*5] もし、情報公開の制度が整っていれば、より早く正確な情報が得られ、沖縄返還後のさまざまな事態に対しても、より的確に対応していけたに違いないのです。

繰り返しになりますが、行政の情報の不透明性や公文書のずさんな管理は、責任の所在を曖昧にさせるばかりか、あえて「国益」という言葉を使うならば、まさに国民にとっての利益、国益を損なうことにつながるのです。

次に日本の公文書管理と情報公開の動きがどうなっているかを見てみましょう。

3 二周遅れの情報公開

公文書館整備の遅れ

日本における国立公文書館設立は一九七一年であり、公文書館を地方にも整備していくための公文書館法が制定されたのは一九八七（昭和六二）年でした。そして後述する情報公開法を踏まえ、「公文書等の管理に関する法律」（以下、公文書管理法）が成立したのは二〇〇九（平成二一）年（二〇一一年施行）。これは、残念ながら、世界各国に比べ著しく立ち遅れた動きでした。

詳しくは第四章で述べますが、例えばフランスでは革命翌年の一七九〇年に国立公文書館が開設されました。これは旧体制の文書を保管すると共に、革命政権の制定する公文書類を系統的に保管し公開していくためだったのです。イギリスでは、一八三八年に公文書館法（Public Record Office Act）が制定され、一八五八年に最初の公文書館が開設されました。連邦レベルでの対応が遅れたアメリカでも一九三四年に国立公文書館法（National Archives Act）が施行され、翌年、国立公文書館が開館。アメリカの場合、公文書館の職員数は、二千七百二十人、イギリスは六百人、フランスは五百七十人です（二〇一四年五月現在）。日本は、現在にいたっても桁違《けたちが》いに少ない四十七人[*6]であり、これに非常勤の職員を加えても百五十人程度にすぎないのです（二〇一四年度）。

欧米だけではありません。意外と思われるかもしれませんが、お隣の中国でも、公文書館自体は早くから整備されてきたのです。中央政府と共産党の文書を保管する中央檔案館《とうあんかん》、明清《みんしん》時代の文書を保管する第一歴史檔案館、中華民国時代の文書を保管する第二歴史檔案館の三館に、一二年前の時点で合わせて五百五十七人（二〇〇二年、ただし第一歴史檔案館のみ二〇〇三年）が働いていました。

日本の公文書館が、設立年次の点でも、職員数の点でも、著しく立ち遅れてきたのは明らかと言わなければなりません。

情報公開法制定の遅れ

公文書館の存在と密接に関わる話ですが、一九七〇年代以降、世界的に進んだのが情報公開制度の整備でした。行政機関の情報の中で、日々の業務に用いる文書（現用記録 Current Records）ではなくなった歴史的な公文書を保存・公開するのが公文書館であるのに対し、歴史的な公文書のみならず現用記録についても適切な形で公開させるための仕組みが情報公開法です。そして、この面でも日本は立ち遅れました。

一九六〇年代半ばから八〇年代初めにかけ、欧米各国では、アメリカの情報自由法（一九六六年）、フランスの行政公衆関係改善法（一九七八年）、カナダの情報アクセス法（一九八二年）、オーストラリアの情報自由法（同年）など、行政機関の情報公開を制度化する動きが広がったのです。一方、日本の国内でも原子力発電所の建設、教育、食器の安全性、企業の接待費などの社会問題をめぐって盛り上がった市民運動や住民運動の中で、行政機関に情報公開を求める声が高まっていました。

そうした潮流を背景に、一九八二（昭和五七）年、神奈川県が地方自治体として実質的に初めて情報公開条例を制定し、その動きは一九九六年までに全都道府県に広がったのです（なお、日付の上では山形県金山町《かねやままち》の制定が先になりました。第二章参照）。同年、政府も情報公開法要綱案をまとめ、一九九九（平成一一）年に「行政機関の保有する情報の公開に関する法律」（以下、情報公開法）が成立しました（二〇〇一年施行）。「知る権利」という言葉が明記されず、公開・非公開の区分にも多くの曖昧さを残す不十分なものであったとはいえ、そして欧米諸国より二〇年近く遅れてしまったとはいえ、日本でも情報公開の仕組みがようやく整ったのです。

重要な情報の秘匿を許せば、政治権力は際限なく暴走する

そして、二〇〇一（平成一三）年施行の情報公開法と二〇一一（平成二三）年施行の公文書管理法により、行政情報の公開と保存に関する仕組みがようやく整えられた矢先に起きたのが、二〇一三年の特定秘密保護法の提案であり、その強行成立でした。情報公開の面で世界の潮流に立ち遅れ、公文書館の整備でもやはり立ち遅れていた、いわば「二周遅れ」の日本が、さらにその立ち遅れに輪をかけ、どこに向かって突き進もうというのでしょうか。

繰り返しますが、内閣をトップとする行政が、「秘密保護」を名目に政策の決定過程やそれに関わる個々の責任を明らかにせず、国民にとって重要な情報を秘匿していくならば、政治権力は際限なく暴走します。それが歴史の事実なのです。近現代日本の歴史でいえば、その結果もたらされたのが、無謀かつ悲惨な戦争であり、薬害エイズや水俣病の惨禍、さらには福島第一原発事故などで露呈された国民の安全と健康を顧みない行政であり、多くの人々の生命と財産の喪失でありました。

それをこれ以上繰り返してはなりません。

本書は、情報の非公開が招いた過去の悲劇を改めて見つめ直すと共に、公文書の保存・公開に関する現行法制の内容、問題点、特定秘密保護法との関係を明らかにし、特定秘密保護法そのものの廃止も展望しながら今後の方向性を探るものです。

第一章　捨てられる公文書

――日本の公文書管理の歴史

瀬畑　源

1　敗戦時の文書焼却

燃やされる公文書

黒い灰が空に舞っている。紙を焼いているにちがいない。――東京から帰って来た永井〔龍男〕君の話では、東京でも各所で盛んに紙を焼いていて、空が黒い灰だらけだという。鉄道でも書類を焼いている。戦闘隊組織に関する書類らしいという。*1

一九四五年八月一六日、鎌倉に住んでいた作家の高見順は、各所で紙が焼かれていたという話を日記に書き付けています。東京だけでなく、鎌倉ですらも黒い灰が舞っていると。八月一四日、日本はポツダム宣言を受諾し敗戦が決まりました。ポツダム宣言には、連合国による占領や戦争犯罪人の処罰が明記されていたため、戦争に大きく関わっていた人々は責任追及に怯《おび》えることになったのです。

そこで彼らが選択したのは「証拠を隠滅する」というものでした。閣議によって機密書類の焼却が決定され、陸軍をはじめとする政府中枢だけでなく、市町村レベルにいたるまで、戦争に関係する機密書類を焼くようにという通達が伝えられました。*2

例えば憲兵隊では、「敵手に渡り害あるもの」として防諜《ぼうちょう》や思想、治安関係の文書や国力の判断を可能とする諸資料は燃やすようにとの通達が出ており、防空壕《ぼうくうごう》などの通風を利用して燃やした方が早く燃える、といったような速やかに燃やす方法すらも知らせていま す。*3 天皇への責任追及を避けるためか、天皇に常時奉仕している侍従武官府の上奏資料も燃やされました。

軍事史研究者の田中宏巳は、陸海軍が「残すことを決めた文書類以外で焼却を免れたのは、おそらくは〇・一%にも満たなかったと思われる」と推定しています。*4

一方、外務省では、敗戦が決まる前から文書の焼却を始めていました。そもそも同年五月の空襲で庁舎が焼失し、書庫や疎開していた文書を除くほとんどの文書（約一万冊）を失っていました。そして六月下旬から、米軍の上陸作戦の際の押収を避けるために文書の

戦後の証拠隠滅の一例

長野県東筑摩郡今井村『庶務関係書類綴』昭和二〇年より（松本市文書館蔵）

「機密重要書類焼却の件」（昭和二〇年八月一八日）

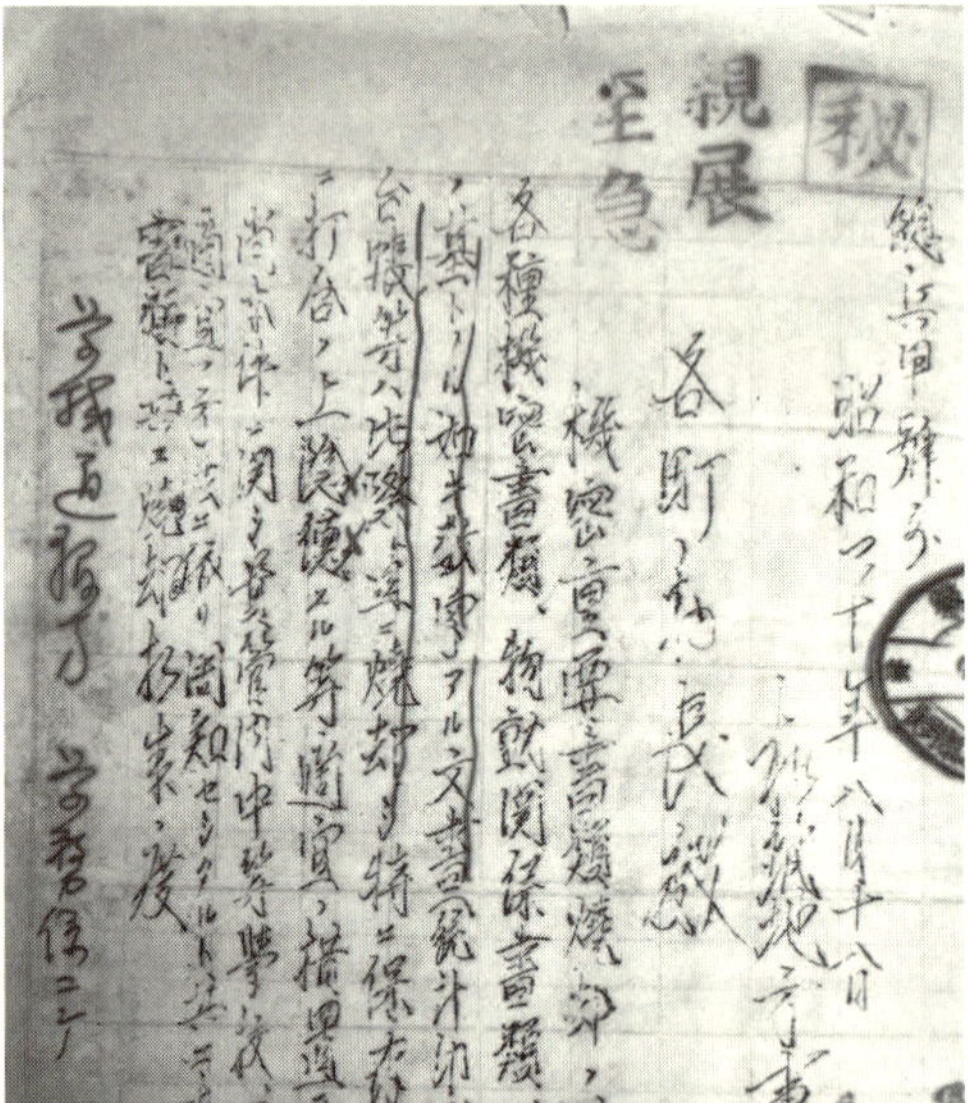
秘
親展
至急
昭和二十年八月十八日
各町村長殿
機密重要書類焼却ノ件
各種機密書類、物動関係書類、其ノ他国力推定ノ基トナル如キ重要ナル文書（統計印刷物等）並ニ之等ノ台帳等ハ此際速ニ焼却シ特ニ保存ヲ要スルモノハ所轄官庁ト打合ノ上隠匿スル等適宜ノ措置ヲ講ゼラレ度

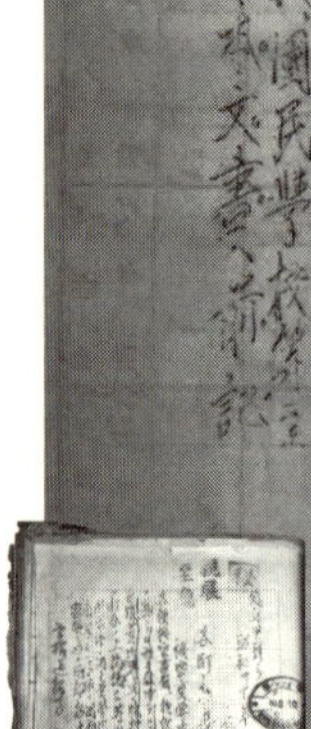

「各種機密書類」「物動関係書類」その他国力が推定できる「統計印刷物」等の焼却を通達し、中等学校、国民学校等への周知を命令。そしてこの通達そのものの焼却も命じている。

「大東亜戦争関係ポスター類焼却の件」（昭和二〇年八月二一日）

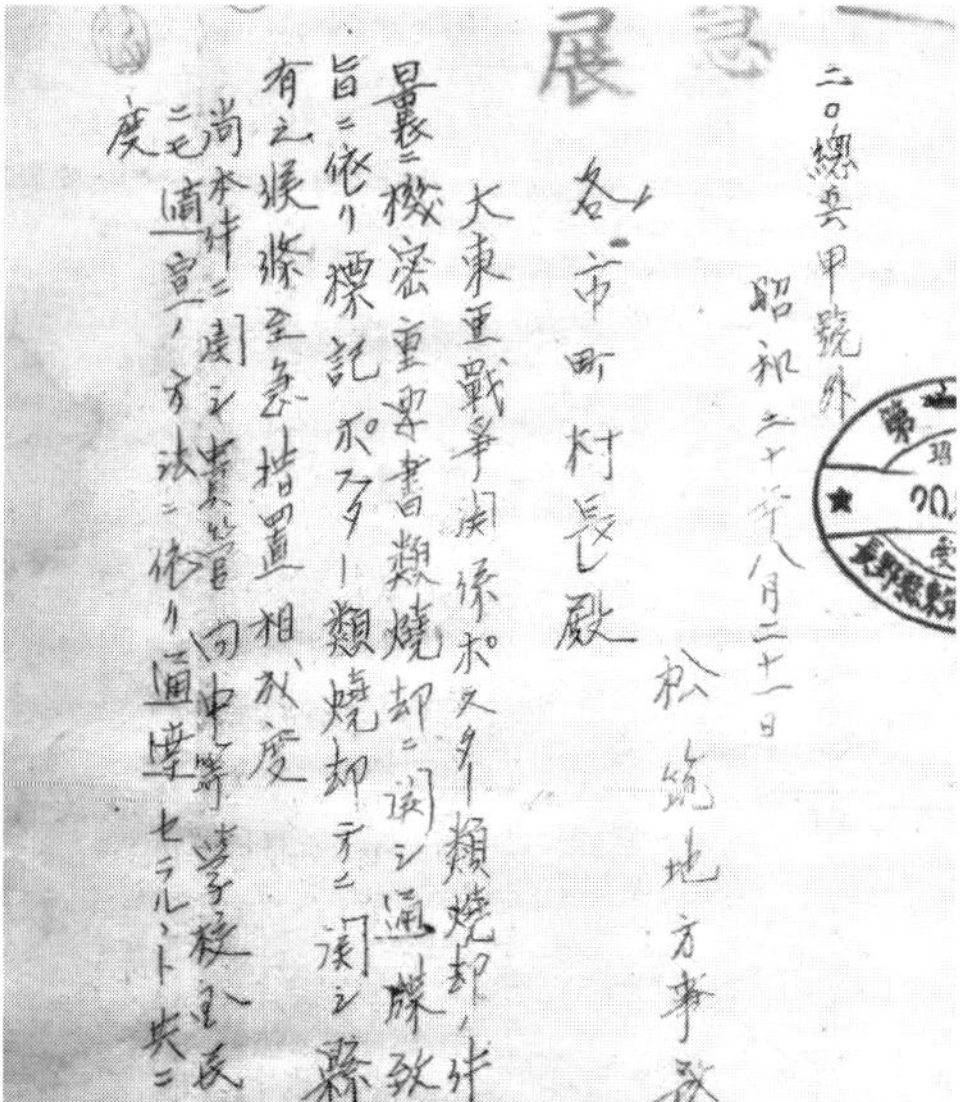
展　急
二〇總兵甲號外
昭和二十年八月二十一日
松筑地方事務所長
各市町村長殿
大東亜戦争関係ポスター類焼却ノ件
最近機密重要書類焼却ニ関シ通牒致置候處今回同趣旨ニ依リ標記ポスター類焼却方ニ関シ縣ヨリ通達ノ次第モ有之候條至急措置相成度
尚本件ニ関シテハ貴管内中等学校長、国民学校、各種團体等ニモ適宜ノ方法ニ依リ通牒セラルヽト共ニ本文書ハ焼却相成度

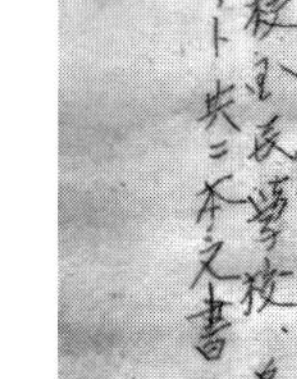

戦争翼賛の大東亜戦争関係ポスター類の焼却を命じ、学校や各種団体への通達と本文書の焼却も命令している。

整理を始め、「比較的新しく機密度高し」とした文書を七月末から焼却しました。最終的に敗戦直前までに焼却された文書は約八〇〇〇冊にものぼったといいます。[*5]

市町村レベルでは、徴兵事務などを担当していた兵事係の文書が主な対象となりました。この通達は文書で伝えられることもありましたが、証拠を残さないために口頭で伝えられたものも多かったのです。これによって、徴兵や召集、動員関係の文書が大量に焼却されることになりました。

兵事係の中には、文書を残さなければとの使命感を持ち、重要でない文書を焼却することで他人の目をごまかし、重要な文書を自宅に隠した人もいました。また、混乱期でもあったために、焼却する文書が限定的にしか指令されなかったり、指令そのものが徹底されなかったりしたために、後に資料として発見されて研究に利用されているものもあります。[*6]

この時の機密書類の焼却のため、戦死した兵士が具体的にどこで死んだのか分からなくなったり、学徒出陣で応召した学生の正確な数がつかめなくなったりするなど、さまざまな情報が不明のままになっています。

この国では、国の命令で戦地に赴いて戦死した兵士たちの情報すら、虫食いにしか残っていないありさまなのです。*7

隠される公文書

この時、陸海軍の一部の将校によって重要な公文書が隠されました。彼らは、占領終了後に戦争の正当化を図るための著作を書こうと考え、最高機密に関わる文書を持ち出し、ドラム缶に詰めるなどして個人の家に隠しました。この中には、天皇の陸軍に対する最高統帥命令である「大陸命」や、海軍の最高統帥命令「大海令」も含まれていました。これは、軍人でなくなった一私人が、公文書を持ち出して私物化したことに他なりません。

陸軍が隠した資料は、占領後に元大佐の服部卓四郎らによって『大東亜戦争全史』(鱒書房、一九五三年)という形で戦争の正当化のために使われました。その後、隠匿資料の多くは現在の防衛省防衛研究所に寄贈されましたが、長らく一般公開されず、旧軍人の一部などに利用を独占されていたのです(現在では一般公開されている)。なお、海軍の「大海令」も、財団法人史料調査会が長らく所有していましたが、二〇〇五(平成一七)年に原本が防衛庁に寄贈されました。それまでは、海軍の最高機密文書が一財団法人の手によって保管されていたのです。

東京裁判

公文書の大量焼却や隠匿は、当然ながら戦争犯罪の追及に大きな影響をもたらしました。GHQは戦争犯罪に関する調査を徹底的に行い、内務省の特高警察の文書など、さまざまな公文書が占領軍によって押収されました。しかし、最高機密文書の多くはすでに燃やされており、証拠の収集に苦労することになったのです。

ドイツでは、国内に侵攻した連合国軍が各地で文書を押収したため、ナチスの犯罪行為を立証するための証拠を入手できました。しかし、占領までに二週間ほどの時間があった日本では、押収が間に合わなかったのです。

よって、GHQは戦犯裁判のための証拠集めを、日本人関係者への尋問からの情報に頼らざるを得なくなりました。このため、日本側は尋問などに積極的に協力することで、裁判の方向づけにかなりの影響力を及ぼすことができたのです。実際に日本人の証言は、昭和天皇を免責し、陸軍に戦争責任を押しつけるという明確な方向性を持っていました。つまり証拠を隠滅したがゆえに、このようなことが可能になったのです。

文書は捨てられる

では公文書の廃棄がなぜ可能だったのでしょうか。それは、公文書は「自分たちのもの」であり、自分たちが好きに廃棄しても構わないと彼らが考えていたからです。「自分たちに必要ない文書は捨てる」というのは、彼らにとってはごく当たり前の発想でした。

文書廃棄は、なにも敗戦の時に突然起きたわけではありません。実はそれ以前からも当たり前のように廃棄されていましたし、敗戦後もさらに大量の廃棄が日常的に行われていたのです。それが彼らの「常識」であり、捨てることに悪意はありません。文書がオフィスに溢《あふ》れてくれば、要らないと思った文書を片っ端から捨てていくのです。

また、官僚や政治家の中には、公文書を家に持ち帰っていた人も多いのです。逆に、官僚や政治家の私文書の中にあったからこそ、現在に伝わっている公文書が山ほど存在しています。日本近現代政治史研究者の世界では、「公文書には重要資料はろくに残っていない。遺族の元をまわって私文書を収集する方が重要」という認識が「常識」ですらあったのです。

例えば、二〇一四（平成二六）年八月一四日の「東京新聞」において、元外務事務次官（戦時中はモスクワ大使館に勤務）であった武内龍次の遺品から、一九四三（昭和一八）年から四五年までの外務省とモスクワの日本大使館の間に交わされた秘密公電のファイルが発見されたと報じられました。この資料によって、一九四四（昭和一九）年五月の段階で、重光葵外相が佐藤尚武駐ソ大使に、ソ連を仲介にした対中和平交渉が可能かを尋ねていたことが新たに分かりました。ファイルの表紙には「非常焼却」と書かれていたことから、敗戦直前に焼却されるはずだったものを隠匿したものだと推測されますが、武内が隠匿しなければ燃やされていた可能性が高かったと思います。

なぜこういった公文書の恣意的《しいてき》な扱いが日本ではまかり通っていたのでしょうか。

2　帝国憲法下の公文書管理制度

官僚制と文書

そもそも官僚制というものは「文書」とは切っても切れない関係にあります。立憲制度がしかれた近代国家においては、行政を担当する官僚たちは、基本的に法律に基づいて仕事を行うことになりました。このため、行政の仕事は「文書」によって最終的な決定がなされ、その記録が保存されることが必要不可欠になったのです。それは、きちんと法というルールに基づいて仕事を行っているかどうかの記録を残す必要があったからです。

つまり、この文書をどう管理するかというのは、官僚制に必ず付随する問題であったのです。明治維新直後は、文書を作るだけでなく、それを後から参照できるように編纂したりすることも重要な仕事として認識されていました。自分たちが新たに国家を作っているという自負が記録への関心を生んだこともあるでしょうし、その後の仕事の参考にしようともしたのでしょう。

しかし、官僚制が整備され、より政治が複雑化してくると、必然的に文書の量は増えてきます。また、明治初期の太政官制度は、重要事項はすべて太政官の決裁をとらなければならなかったため、文書の決裁をとるのに膨大な時間がかかることになり、事務の非効率が大きな問題となったのです。ちなみにこれは、伊藤博文が内閣制度を導入した理由の一つですらありました。

初代内閣総理大臣の伊藤は、首相就任直後に「官紀五章」という事務整理の綱領を各大臣に出しています。この中の一章に「繁文ヲ省ク事」が掲げられています。何でもかんでも文書を作って伺いを立てるために、事務が滞り、人員が無駄に必要となるなどの弊害が出ている。よって、内容の軽重に合わせた返答期限を設けて相手に文書を渡す、などといったやり方で、もっと効率よく文書を整理せよというものでした。

首相がこういった細かい仕事のやり方まで口を出すのかとも思いますが、逆に考えればそこまで具体的に指示を出さないとどうしようもない状況だったのでしょう。内閣制度の狙《ねら》いは、各大臣に文書決裁の権限を分けることで、きちんと責任を持って仕事を担当させようとしたことにも重要な意味があったのです。

縦割り行政

一八八五（明治一八）年に内閣制度を作った当初、伊藤は「大宰相主義」という方針をとっており、内閣総理大臣を他大臣の上に置き、強力なリーダーとして位置づけようとしました。しかし、伊藤と同じく維新を戦ってきた政治家たちは、同輩と見なしているライバルから命令されることを嫌がります。また、明治維新は幕府から天皇に「大政を奉還」し、天皇が統治権を握っていた「神武創業」の時代にまで戻すことを目的としていました。そのため、幕府に相当する補佐機関を作ることには拒否反応も強かったのです。

よって、大日本帝国憲法は天皇を統治権の総攬者《そうらんしゃ》であり大元帥とし、各大臣は天皇をそれぞれ個々に「輔弼《ほひつ》」（助言）するという「単独輔弼制度」がとられることになりました。内閣の規定は憲法の文面には一切入らず、内閣総理大臣はあくまでも「同輩中の首席」という立ち位置で、他の大臣を罷免する権利すら有しませんでした。「天皇→大臣→官僚」という縦の線が何本も引かれるという、典型的な縦割り組織として官僚制は整備されたのです。

そして、この政治制度に、文書管理制度も大きく影響されることになりました。内閣制度発足直後の一八八六（明治一九）年に「公文式《こうぶんしき》」が作られ、法律や勅令などの制定手順が統一化されました。一方、文書管理のルールは各省に任されることになりました。

保存年限制度

この頃から、各省の文書管理の規則に「保存年限制度」が組み込まれていきました。伊藤が述べたように、すでに文書が各省には溢れ、仕事の効率を著しく落としていました。そのため、重要な文書は「永久保存」、それ以外は保存年限を付けて（一〇年、五年……など）、その期限がきたら廃棄するという仕組みが導入されたのです。

この保存年限制度自体は、特に問題のある制度ではありません。現在、会社勤めをしている方ならば、ごく当たり前にそういった制度に則《のっと》って仕事をしていることに気づくはずです。不要になった文書を整理して処分することは、仕事を効率的に進めるためには必要不可欠な作業です。

ただし、ここで問題となるのは、「何を残すか」という選択です。当時の官僚たちは、「天皇の官吏」であり、国民に対する説明責任を負っていませんでした。もちろん天皇に対する説明責任はあるわけですが、実際には天皇から直接質問されるようなケースは重要国策ぐらいであり、説明責任という概念は希薄であったと思われます。

結果的に彼らは「自分たちの業務に必要な文書は残す」という方針に向かいがちでした。その場合に残されるものは、仕事を行うために必要な「決裁文書」や、自分たちの人事記録などが中心となります。後世の歴史研究者が知りたいのは、その政策がどのようにして決まったのかという「過程」なのですが、決まったことに則って行政が行われる以上、それを決めるまでの文書は、不要なものとして捨てられることが多かったのです。

外交文書の特殊性

なお、外務省については、外交文書の「公開」という問題を国際社会との関係で抱えていました。一九一七年のロシア革命直後に、革命政府は、共産主義を広めるために、ロシア帝国が持っていた秘密外交文書を暴露し、英国などの帝国主義国家の裏取引の実態を世界に晒《さら》しました。また、第一次世界大戦で敗北したドイツは、自国だけに戦争責任を押しつけられたことへの反発から、自国の外交文書を編纂した外交資料集を出版していきました。

このため、各国の外務省の中には、議会に毎年報告書を提出する（英国の報告書が青の表紙だったので「青書《せいしょ》」と呼ばれる）など、各国と交わした外交文書を公表することがルール化されるところも現れるようになっていったのです。

日本の外務省も、政府要人に配付が限定されていたものの、その年の条約などを一覧にした『外務省公表集』を一九二二（大正一一）年から毎年発行するようになりました。また、一九三六（昭和一一）年からは『大日本外交文書』として、明治初期からの外交文書を、順番に編纂して公刊していきました。

ちなみに現在、一定期間を経過した外交文書を原則公開していくという国際社会のルールは、この頃に原点があるのです。不十分であるとの批判はあれども、日本の省庁の中で最も長く歴史資料の公開に取り組んできたのは、間違いなく外務省です。それは、国際社会の文書公開ルールに合わせざるを得ないという事情があるからなのです。一方の国で文書が公開されている際に、自国の文書を公開しなければ、相手にとって都合のよい歴史観を垂れ流しにされてしまうのですから。

そして重要文書はなくなった

外務省は、交渉過程が残っていないと業務に支障が出ることもあったため、文書課において文書をまとめて管理していました。前例を重んじる宮内省も、文書をきちんと保存する部局が存在しており、途中過程の文書が残りやすかったといえます。

このように、たまたま業務上、途中過程を残す必要のあった省では文書は残りました。宮内省においても敗戦時に機密文書の焼却が行われましたが、侍従だった徳川義寛《よしひろ》の日記の一九四五年八月二一日の項によれば、「保管書類のために、罪になる人が出てはとの御注意から焼却、但《ただ》し最小限にとどめた」[*8]とのことであり、文書を守ろうという意識が強かったことがうかがえます。外務省は文書を焼却してしまいましたが、その後、松本忠雄元外務政務次官が、自分の参考にするために重要文書を筆写していたことがわかり、この写しからできる限りの記録の復元を図ろうとしました。

なお、大学進学率が一パーセント無かった時代の大卒エリートの官僚たちの中には、自分たちの仕事を歴史に残そうという意識のある人もいました。さらに、情報公開などを気にせずに文書を作っているため、文書整理をきちんとやる人がいた場合、文書がまとまって残っているケースもあります。ですが、これらはたまたま残そうとした人がいただけで、偶然に過ぎません。組織的にきちんと文書を残すことを徹底できている省は少なく、ほとんどの省では途中過程の文書は捨てられ、決裁文書の山だけが残されていったのです。

なお、ここで注意しておきたいのは、戦前の公文書の残存状況が悪いのは、決して敗戦時の焼却処分だけが理由ではなかったということです。歴史研究者であると同時にアーカイブズ研究者でもある加藤聖文《きよふみ》は、戦前の公文書の廃棄には、「敗戦前」「敗戦時」「戦後」の三つのパターンが存在すると指摘しています。加藤は、愛知県庁における文書廃棄の歴史を分析するなかで、次のようなことが現場で起きていたと指摘しています[*9]。

- 新庁舎移転をきっかけに、文書を廃棄。
- その際に一部は研究機関に譲渡されたが、その機関が、移管された文書の多くを「不要」として廃棄。
- 戦時中の金属回収に伴い、鉄製本棚を供出するため、棚に置かれていた文書を廃棄。
- 戦争末期に、物的資源の活用のため、再生紙の原料として文書を廃棄。
- 空襲対策のため、可燃物である文書を廃棄。

●「戦時」と「平時」によって重要な文書が異なるため、戦時には平時の文書が実務的に不要とされ、平時に戻ると戦時の文書が実務的に不要となって廃棄。

この結果、愛知県公文書館に所蔵されている戦前期の県庁文書は、わずか約三五〇冊しかありません。その一方で、文書廃棄の記録は完璧に残っているのです。また、敗戦を生きのびた地方自治体の文書も、一九五〇年代の「昭和の大合併」によって、その多くが捨てられたのではと推測されています。

加藤は、この理由として、「『現在』において保存する価値があるか否かを行政の立場から判断し、廃棄すべきものは組織の規程に従って処理されるという極めて機械的な行政行為しか存在」しなかったことを挙げています。

つまり、ただ単に、収納スペースが足りないとか、再生紙を作るためだとか、実務的に必要が無くなったといった行政側の都合のみで、公文書は次々と捨てられていったのです。説明責任という考えを持たない彼らの姿勢が、敗戦時の文書の焼却や隠蔽《いんぺい》を支える考え、ひいては「無責任の体系」を作り上げていったのです。

加藤が指摘したこの事例は、国の行政機関のことではありません。しかし、おそらく類似したことが、戦時中、そして戦後にも、国の行政機関で起きていたと思われます。戦前の公文書の残存状況は、国民の側の視点を持ちえなかった戦前の官僚制度の姿そのものを映し出す鏡なのです。

3　戦後の公文書管理制度——高度成長期まで

日本国憲法制定

敗戦後に日本に進駐した連合国軍は、戦前の日本がなぜ対米戦という無謀な戦争に乗り出していったのかについて分析を行い、その原因として政治制度の問題があると考えました。連合国軍の中心であった米国は、一九四六年一月七日に「日本の統治体制の改革」（SWNCC228）を作成し、連合国軍の総司令官であるマッカーサーに伝達しました。

この報告書は、これまでの日本の統治体制の問題点を指摘し、具体的に制度をどのように改革すべきかを提言したものです。

政治体制の項目で特に問題となったのは、「国民に対する政府の責任を確保しうる制度」が「欠如」していることでした。そこで、国民を代表する立法府（議会）に対して行政府（内閣）が責任を負う議院内閣制の導入が掲げられたのです。また、天皇制を維持したとしても、天皇に権力は一切与えず、内閣の助言に基づいてのみ行動することが求められることになりました。

この結果、日本国憲法においては、天皇はすべての権力を剝奪《はくだつ》されて「象徴」となり、主権者は国民となりました。国会は国権の最高機関とされ、内閣総理大臣は国会の議決で指名され、内閣は国会に対して連帯責任を負うことになりました。また、内閣総理大臣は国務大臣を任免する権利を持つことになったのです。

戦前とほぼ変わらなかった行政法

日本国憲法の施行によって、官僚制はどのように変わったのでしょうか。結論から言うと、あまり変わりませんでした。米国は日本に直接軍政をしくつもりでしたが、占領のための要員が確保できず、日本の統治機構を利用した間接占領をとることにしたのです。

この時に占領のパートナーとして選ばれたのは、昭和天皇と、幣原《しではら》喜重郎や吉田茂といった自由主義者、そして官僚でした。戦時期の官僚上層部は公職追放の憂き目に遭いましたが、内務省や司法省などの戦前の思想弾圧に関わった組織を除いては、ほぼそのまま機構が残されることになったのです。

この結果、ほとんどの省では、戦前との組織の連続性が強く残ることになりました。また、法制局の官僚などの抵抗もあり、戦前の官僚制が持っていた強力な職務の分担管理の仕組みが、かなりの部分で温存されることになったのです。つまり、縦割り行政の弊害を克服するというよりは、むしろ縦割りを続けることになりました。「憲法は変われど、行政法は変わらず」だったのです。

公文書管理も戦前そのままに

このことは、公文書管理制度のあり方にも大きな影響を及ぼしました。

まず、各省庁の分担管理体制がそのまま維持されたため、文書管理も各省庁がそれぞれ決めた独自の規程によって行われました。文書の保存期間の設定も、以前と同様、仕事に必要かどうかで判断され、保存期間が満了した文書は、歴史的に重要かどうかを気にもされずに捨てられ続けたのです。

また、戦前から戦後にかけての組織の連続性は、官僚の意識変革を妨げることになりました。戦前の「天皇の官僚」であった時代とは異なり、日本国憲法下の官僚は「全体の奉仕者」として国民のために存在する立場に変わったのですから、本来ならば『国民に対する説明責任』を負うはずでした。

しかし、組織の連続性は、官僚がそのような意識を持つことを妨げたのです。そのため、「公文書は国民のものである」という考え方が生まれることもなく、国民のために文書を残すことや公開する発想を、多くの官僚は持てませんでした。

行政能率向上への取り組み

一九五〇年代後半から、行政管理庁（現在は総務省の一部）が行政能率を上げるための政策を行うようになりました。「お役所仕事」として行政の非効率がやり玉に挙がっており、どう対応するかが問われていたのです。政府も「行政運営の簡素能率化に関する件」を閣議決定（一九六〇年一〇月一四日）し、「行政運営に対する行政監察を強化し、広く国民の意見並びに苦情を系統的に収集組織化して、国民による行政改善推進態勢を確立し、行政運営の画期的改善、能率化をはかる」必要があるとしました。閣議決定をしなければならないまでに酷《ひど》い状況であったことがここからはうかがえます。

この閣議決定に基づいて、各省庁の文書課長を構成員とする「各省庁事務連絡会議」が設置され、行政管理庁が事務局となって行政の能率化へ向けての取り組みが行われることになったのです。詳細は省略しますが、この時の取り組みがどこまで各現場に効果があったかは、あまり過大な評価はできません。

官僚の仕事のあり方は、長年かけて部局ごとに色合いの異なる文化になっていきました。それを「効率性」という掛け声のみで大きく変えることは、なかなか容易なことではありません。また、行政管理庁も、コンピュータの導入などといった新技術の導入で効率化をめざそうとする傾向があり、仕事の内容自体を改善するという発想は乏しかったのです。

「戦前の方がまだ公文書は残っている、戦後の方が残り方は酷い」

官僚が扱う文書の量は、時代を追うごとに格段に増えていきました。仕事量が増えただけではなく、和文タイプライターや青焼き複写機などの技術革新で文書の複製も容易に行えるようになってくると、文書量は増える一方になったのです。

当然ですが、行政能率向上の取り組みの中でも、文書をいかに効率的に管理するかということが重要な問題とされました。この時に行政管理庁が重視したのは、文書の廃棄量です。オフィスに文書が溢れているから仕事の能率が落ちているという問題意識がある以上、「文書を捨てる」という解決策に導かれるのはむしろ自然だったでしょう。

そこで行政管理庁は、一九六七（昭和四二）年から「各省庁統一文書管理改善週間」を実施することにし、毎年一一月上旬に全省庁が一斉に文書管理改善に取り組むことにしました（ちなみに現在でも毎年行われています）。この文書管理改善週間は、文書管理の研究会の実施などの啓蒙活動も含まれていましたが、最も重視されたのは文書の廃棄でした。

第一回の一九六七年では合計一六九トンの文書が廃棄されており、その後も数百トン単位で毎年文書が廃棄されていきました。一九七七（昭和五二）年の文書廃棄の際、行政管理庁の担当者は、中央と地方の文書廃棄量が約九六〇トンであったと指摘した上で、「さらに不断の文書管理改善の実行を期待いたします」と述べています。つまり、この担当者にとって、文書管理改善とはすなわち文書廃棄量を増やすことに他なりませんでした。

ただ、前にも述べたように、不要な文書を廃棄することは業務の効率化のためには必要な作業です。ですが、ここで問題となるのは、果たして重要な文書が捨てられずにきちんと残ったのかということ。これが実に危ういのです。

一九七六（昭和五一）年に行政管理庁は、各省庁の文書管理に関する大規模な実態調査を行いました。この結果によれば、日常的な文書の整理・保管を「規程等にのっとってやっている」と答えた職員は、二四・三パーセントと全体の四分の一に過ぎませんでした。なお、他の選択肢の数字は、「前例に従ってやっている」四三・四パーセント、「自分で工夫してやっている」二六・四パーセント、「なんとなくやっている」四・九パーセントとなっており、規程よりはその部局の文化や自己流で文書の管理を行っていることが浮き彫りになりました。また、文書に保存年限をきちんと付けていると答えた課は五六・七パーセントに過ぎず、重要な文書か否かの整理すらもまともにできていない課が、全体の四割強にものぼっていたのです。[*10]

一九八〇年代初めの「朝日新聞」の取材によれば、当時大蔵省（現財務省）には文書目録さえなく、大蔵省ＯＢの柳澤伯大《はくお》衆議院議員によれば、「主税局は毎年税日ごとに多くの資料を『部内用』として作るが、一年後にはほとんど廃棄される。主税一本で過ごすノン・キャリア組のファイルで何とか保存されている」のが現状だったといいます。同じく柿澤弘治《こうじ》衆議院議員は「主計局では机の上が予算査定を受ける他省庁の資料でみるみる山になる。いつも捨てることばかり考えていた」とのことです。なお二人とも現役の官僚の時、文書が多すぎて、処理上「秘印」もいちいち気にとめなかったといいます。[*11]

つまり、秘密文書すらも仕分けられないぐらい文書管理ができていなかったということなのです。

この状況下で「不要文書を捨てましょう！」と言われたらどうなるでしょうか。そもそも行政側の判断で重要か否かが決められて廃棄されていたことだけでも問題なのに、行政にとって重要な文書すらも捨てられていた可能性が高いことは容易に想像がつきます。

「戦前の方がまだ公文書は残っている、戦後の方が残り方は酷い」という話を色々なところで耳にします。いずれにしろ「自分たちにとって不要な文書を捨てる」という文化が残り続けていたことだけは間違いないでしょう。

国立公文書館の設立

一方、歴史的に重要な公文書をきちんとした施設で保管して公開するべきだという要求も、歴史研究者を中心として起こってきました。一九五八年九月、歴史研究者の中核団体である日本歴史学協会は、日本学術会議に対して「国立文書館建設の要望書」を提出。この要望書を受けた学術会議は、いきなり国立文書館を作れと言っても簡単にはいかないだろうと考え、まずは公文書の散逸の防止と一般利用のための適切な措置を要望し、究極の目標として国立文書館の設立を求めることとしました。

そして、一九五九（昭和三四）年一一月に内閣総理大臣に対して「公文書散逸防止について」の勧告を行ったのです。

この勧告の「理由」には、当時の公文書の置かれていた状況が克明に記されています。例えば、学術上の価値とは異なった保存期間の設定、期間が満了した文書は業者を通じて製紙原料として流出、天災だけでなく省庁の統合・廃絶や市町村合併による人為的な廃棄、整理基準が各省庁でバラバラ、一般研究者への公開利用がほとんど不可、といったようなありさまでした。この状況は当時、外国の研究者からも慨嘆されており、国際標準から遅れていることも強調されたのです。

その後、総理府が中心となって話が進み、一九六四（昭和三九）年四月には北の丸公園内（地下鉄竹橋駅の近く）に国立公文書館を建設することが閣議了解されました。しかし、実際に国立公文書館が建設されるまでには、さらにさまざまな紆余曲折《うよきょくせつ》がありました。なにしろ、建設予定地の半分以上を国立近代美術館建設のために割かれてしまったのですから……。こうして一九七一年にやっと開館した国立公文書館は、予定していた規模を遥《はる》かに下回る規模の施設でスタートせざるを得なかったのです。

また、国立公文書館の法的な立場も非常に弱く、各省庁に対して歴史的に重要な文書の移管を強制する権限はありませんでした。文書が作成されてから何年経《た》てば国立公文書館に移管されるのかといった取り決めも当初は存在していなかったため、国立公文書館は「来たものを受け入れる」以外の業務を行うことができなかったのです。

かような状況とはいえ、国立公文書館の設立は、それまで保存期間が満了すれば捨てられていた文書や、各省庁内で長年放置されていた永久保存文書の移管先ができたということでもありました。特に、国立公文書館を管轄する総理府は、自ら『太政類典』や『公文《こうぶん》類聚《るいしゅう》』などの明治期以来の重要な公文書を移管していきました。その後、数は多くないものの、各行政機関から文書が移管され、公開されていくようになるのです。

第二章　情報公開法と公文書管理法の制定

瀬畑　源

1　情報公開法の制定

知識は無知を永遠に支配する

そもそも、なぜ行政に対する情報公開制度は必要なのでしょうか。

マックス・ウェーバーによれば、官僚は自分たちの専門知識や政策意図を秘密にすることで他の政治勢力よりも優位な立場を築き、他者からの批判を受けないようにする傾向があるといいます。プロフェッショナルとしての誇りを持つ一方、専門的な情報を自分たちが独占することで、他者からの批判をすべて「素人のご意見」として跳ね返すことが可能となるということです。しかも、必要以上に秘密は作られ、「職務上の秘密」という官僚制特有の概念を振り回して秘密を守ろうとするのです。[*1]

つまり、元から行政機関は情報を隠したがる傾向があります。情報を出せば出すほど、問題点や矛盾などが明らかになります。よって、自分たちが行いたい政策を実行するためには、自分たちに都合のよい情報以外を秘密にする方がやりやすいのです。

よって主権者である国民は、この官僚たちが抱え込んでいる情報を出させることをめざすことになるわけです。主権者が国の政治に対して何らかの判断を下す場合、当たり前ですが、政府が何を行っているのかが分かっていなければ判断しようがないからです。

米国では、この情報公開の理念を掲げる際に、ジェームズ・マディソン（第四代大統領）の一八二二年の手紙の一節がよく用いられます。「情報が行き渡っていない、あるいは入手する手段のない『人民の政府』なる存在は、笑劇か悲劇の序章か、あるいはその両方以外のなにものでもない。知識は無知を永遠に支配する。だから、自ら統治者となろうとする人々は、知識が与える力で自らを武装しなければならない[*2]」。主権者であろうとするためには、情報を入手して自らを鍛える必要があるのです。

政府の非合法活動に歯止めをかけるための米国情報自由法

行政に独占された情報の公開を求める動きは、特に第二次世界大戦後に各国で強まっていきました。特に世界的にも大きな影響を与えたのは、米国における情報公開運動です。

米国では、戦時体制における政府の秘密主義に対する不満が、メディアを中心に高まっていました。

一九五〇年に米国新聞編集者協会が「情報の自由に関する委員会」を設置し、翌年にジャーナリズム法の権威であったハロルド・クロスに、情報の自由に関する法の本格的な研究を委託します。そして、クロスの研究成果である『国民の知る権利』（一九五三年）という本によって、「知る権利」という言葉が次第に人々の中に浸透していったのです[*3]。

この研究の中で「知る権利」は、民主主義が機能するために必要不可欠なものとして位置づけられていました。国民が自国の情報をきちんと知ることによって、より良い政治の実現のための活動が可能になるのである、と。

長年の運動の積み重ねにより、一九六六年に情報自由法が制定され、行政情報へのアクセス権が国民に保障されることになります。しかし、安全保障関係の国家機密の公開には消極的な態度が目立ち、裁判所も、最高機密文書における行政側の非開示判断の是非は審査しないとの態度をとりました。そのため、メディアを中心として法制度が不十分であるとの批判が強まったのです。

一九七一年、「ニューヨーク・タイムズ」は、過去のベトナム政策をまとめた国防総省の秘密報告書（「ペンタゴン・ペーパーズ」と呼ばれる）をスクープし、ベトナム戦争を本格化させるきっかけとなったトンキン湾事件が米国の謀略であったことなどの歴代の大統領が国民から隠していた事実を次々と明らかにしました。

ニクソン大統領は記事差し止めを行おうとしましたが、連邦最高裁はそれを認めませんでした。また、野党民主党の事務所に盗聴器を仕掛けようとしたことが発覚したことに端を発するウォーターゲート事件が起き、ニクソン大統領が、捜査妨害などを理由として連邦議会によって弾劾されることになり、辞任に追いやられます。

連邦議会は、大統領の行政特権やＣＩＡやＦＢＩの非合法活動に歯止めをかける必要があると考えていました。そこで、情報自由法を一九七四年に大幅に改正しました。これによって、最高機密であっても、その秘密指定自体が適切かどうかの是非を裁判所で問えるようになるなど、情報公開がより徹底されることになったのです。*4

日本に波及した情報公開の波

日本で情報公開に関心が寄せられてくるのは、一九七〇年代になってからのことです。米国の情報自由法制定の動きが紹介されたことや、一九七一年の外務省機密漏洩事件（西山事件）をめぐる議論の中で、次第に「知る権利」が知られるようになっていったのです。

さらに、大気汚染や水質汚濁などの公害問題やスモンなどの薬害問題、食品の安全の検証といった市民運動が盛んとなり、データ公表を拒む行政機関に対する反発が強くなっていきました。また、ロッキード事件やその他の汚職事件において、真相を追究しようとする国会に対し、行政側が「守秘義務」を理由として情報提供を拒絶したことも大きな問題となりました。

この結果、市民運動からの要求だけでなく、社会党や共産党、公明党、新自由クラブなどの主要野党のほとんどが、情報公開法制定を公約に掲げるようになったのです。

一方、与党自民党は、情報公開法制定に極めて消極的でした。一九五〇年代から政権を取り続けていた自民党は、官僚と族議員がコンビを組んで情報を独占し、利益誘導政治を全国的に展開していたからです。自民党や官僚にとって、情報の独占は権力の源であり、情報公開制度自体を忌避する傾向にあったといえます。

大平首相と情報公開

一九七〇年代後半、自民党は「大福戦争」という大平正芳と福田赳夫《たけお》などによる権力闘争が激化して分裂状態となり、議席数も与野党で伯仲する状況にありました。そのため、大平正芳首相は、一九七九（昭和五四）年一一月の首相指名投票の支援要請の際に、野党の新自由クラブに情報公開法制定に努力することを約束したのです。そして、翌年一月の施政方針演説で情報公開法の制定を打ち出しました。一九七〇年代に欧米の先進国であいついで情報公開法が作られていたこともあり、政府も正面から情報公開法制定の意義を否定することはできなかったのです。

しかし、政府は情報公開法を作ることを内々にすら検討しておらず、各国の調査をするところから始めなければならなかったというのが実情でした。また、そもそも各行政機関でどういった文書管理がされているのか、何を国民に対して情報提供しているかですら、政府はまったく把握できていなかったのです。

さらに、官僚からは、機密保護とプライバシー保護を徹底するべきとの主張が掲げられて、公開制度を骨抜きにしようとする動きが起きます。また、一九八〇（昭和五五）年一月に自衛隊元幹部によるソ連への秘密漏洩事件が発覚したことから、自民党は、防衛秘密の漏洩への罰則強化を含めたスパイ防止法案要綱を発表（同年四月）しました。このように、情報公開へ逆行する動きも根強かったのです。

そのため、政府は早々と情報公開法制定を断念し、現行法の枠内で改善できることに取り組むことにしました。一九八〇年五月二七日に「情報提供に関する改善措置等について」の閣議了解を行い、各行政機関に「公文書閲覧窓口」が設置され、各行政機関図書館の一般利用などが行われることになったのです。

また、国立公文書館への各行政機関からの文書移管についても、「公文書等の国立公文書館への移管及び国立公文書館における公開措置の促進について」（一二月二五日、連絡会議申合わせ）において、永年保存とされた文書は、作成三〇年後に国立公文書館に移管することが取り決められました。防衛庁でも旧陸海軍資料の一般公開を行うようになりまし

「朝日新聞」1980年３月16日朝刊より

た。

このように、情報公開への動きはこの時期わずかながら前進したのです。ただ、閣議了解が情報「公開」ではなく「提供」であることから分かるように、行政側の裁量で情報を出すか出さないかを決めることに変わりはなく、情報公開は遅々として進まなかったというのが実態です。当時の新聞記事を見ると、外務省や大蔵省などでは、文書管理の規程ですら「内部資料のため」に公開を拒否していたのです。[*5]また、選挙期間中に大平首相が急逝し（一九八〇年六月）、その選挙で自民党が大勝したこともあり、情報公開法の制定は放置されました。

それどころか自民党は、中曽根康弘内閣時の一九八五（昭和六〇）年には最高刑を死刑とするスパイ防止法案を国会に提出する（党内からも反対の声が挙がり廃案）など、むしろ情報公開に逆行するような政策すらとろうとしたのです。

また、情報公開法を求める市民運動の中には、情報公開法に機密情報などを適用除外にする規定を入れられることで、結果的に情報非公開を合法化させることにつながるのではないかと恐れて、運動を控える団体もあったといいます。結局、情報公開制度の整備は、行政改革の一環として行政管理庁などで細々と検討されるに留《とど》まったのです。

地方の情報公開条例が国へのプレッシャーになった

こうして国の情報公開法制定の動きは頓挫《とんざ》しましたが、地方自治体での情報公開条例制定の動きは活発化しました。中心となっていたのは、長洲《ながす》一二《かずじ》神奈川県知事、武村正義滋賀県知事、畑和《はたやわら》埼玉県知事といった、市民運動とのつながりが強い知事たちでした。

特に神奈川県の取り組みは全国でも注目を集め、条例化こそ一九八二年三月に山形県最上郡金山町に先を越されましたが、同年一〇月に都道府県として初めての情報公開条例を制定したのです。

情報公開運動にたずさわった人々は、米国では、州などの地方から先に情報公開制度が作られ、最終的に情報自由法につながっていったことを知っていました。そこで、全国各地で情報公開条例を作り、国へプレッシャーをかけていこうとしたのです。そして、神奈川県をモデルとして、全国で情報公開条例の制定が広がっていきました。

この情報公開条例は、各地で行政監視のために利用されていき、特に市民オンブズマンによる交際費や食糧費の情報公開請求は、官官接待やカラ出張を暴くといった成果をあげて、情報公開制度の意義を多くの人々に認識させる役割を果たしていったのです。

自民党議員が情熱を傾けた公文書館法の制定

一方この頃、歴史的な公文書の保存において、一つの重要な法律が制定されました。それが公文書館法（一九八七年）です。

日本歴史学協会などの歴史学系の学会は、歴史資料の保存施設としての文書館（当時は古文書が中心）を全国各地に作ることを求めて運動を行っていました。地方自治体の文書館は、一九五九年に山口県で作られた（旧藩主毛利《もうり》家の文書が寄託されたため）ものを最初の事例として、京都や埼玉などにおいて、古文書と歴史的公文書を収集する機関として作られていました。そして、文書館をさらに各地に作るために、設置根拠となる法律の制定が求められたのです。ですが、政治とはあまり関わりのない歴史学の運動であったこともあり、法の制定は遅々として進まなかったのです。

この文書館の設置法の制定に取り組んだのは、自民党の岩上二郎《にろう》参議院議員でした。岩上は、茨城県知事時代に水戸光圀《みつくに》の『大日本史』編纂事業に感銘を受け、県史編纂のために収集した歴史資料を保管するために茨城県歴史館を建設するなど、歴史資料保存に熱心な政治家でした。周囲の同意をなかなか得られませんでしたが、旧制高校の同窓生だった後藤田正晴官房長官の支援を受け、議員立法として公文書館法の制定にこぎ着けたのです。

公文書館法は、議員立法であったこともあり、理念的な法律に留まっていました。この法律でいう「公文書等」の定義は「国又は地方公共団体が保管する公文書その他の記録

（現用のものを除く。）」（第二条）とされたため、あくまでも歴史資料となった公文書しかこの法律の対象にはならなかったのです。

ただし「国及び地方公共団体は、歴史資料として重要な公文書等の保存及び利用に関し、適切な措置を講ずる責務を有する」（第三条）の規定が入ったことにより、各地での公文書館設立の追い風になりました。

そしてこの頃から、「公文書館」をただの「歴史資料を保存する」館ではなく、情報公開制度の一環として捉《とら》える人が現れるようになります。情報公開が行政監察の意味を持つ以上、過去に行われた行政の検証もその一部となるからです。そのため、自治体の中には、保存期間が満了した非現用の歴史公文書を、毎年きちんと公文書館に移管して公開する仕組みを考えるところも現れるようになりました。神奈川県立公文書館（一九九三年開館）はその代表例であり、現在でも公文書館を作ろうとする自治体からの視察が絶えない施設となっています。

細川連立内閣から政府方針となった情報公開法の制定

情報公開法の制定が国政の重要課題と位置づけられたのは、一九九三（平成五）年に自民党が下野し、細川護熙《もりひろ》連立内閣が成立してからです。細川内閣の連立合意書には「行政情報公開の推進」が書き込まれ、情報公開法の制定が政府の方針となったのです。

なおこの時、情報公開法制定は「行政改革の一環」として位置づけられました。細川内閣時の総務事務次官であった増島俊之によれば、各行政機関の反対を押し切るための「旗印」として、この位置づけが必要だったとのことです。

情報公開法は行政における「透明性を飛躍的に拡大」させるものですが、権力官庁と言われる警察庁や検察庁、国税庁を初めとして、外務省や防衛庁などからも必ず抵抗が起こるだろう。だからこそ「行政改革」という旗印を掲げることによって、情報公開法制定を既定路線にすることが必要だったのです。

また、情報公開制度自体が、行政管理の一部と捉えられており、長らく行政管理庁、その後継の総務庁（現総務省）によって検討が行われていたことも、情報公開法を行政改革の一部に組み込む発想へつながっていたと思われます。ただ、総務庁自体は、情報公開法の制定よりは「制度の充実」（情報「提供」を拡充する）を中心に考えていたとも言われています。

この位置づけによって、自民党が政権に返り咲いた後も、連立の一角である新党さきがけが情報公開法推進を強く主張したこともあり、既定路線となって検討が続きます。

一九九五（平成七）年一二月、高速増殖炉「もんじゅ」で冷却剤のナトリウムが漏れて火災が発生した際に、動力炉・核燃料開発事業団が事故直後の映像を編集して公開し、事故を小さく見せようとしたことが発覚。翌年一月には、以前から大きな社会問題となっていた薬害エイズ問題に関する重要な資料が「発見」され、菅直人《かんなおと》厚相がそれを公開して謝罪する事件がありました。さらに同時期に、住宅金融専門会社（住専）の不良債権処理が国会で大きな問題となり、大蔵省が過去に行った住専への検査結果を「守秘義務」を名目に隠そうとしたことも注目されました（国会が国政調査権を発動して公表させた）。これらの一連の情報隠しは、情報公開法制定の必要性を改めて強く認識させることになったのです。

また、市民運動だけでなく財界関係者も、国がビジネスに必要な情報すらも独占していることへの不満から、情報公開法賛成に回りました。米国政府も、一九八〇年代から同様の理由で、情報公開法制定を日本政府に求めました。

ただ、一九九八（平成一〇）年に情報公開法案が閣議決定されてから、国会で三度も継続審議になるなど、自民党の消極的な態度は続いていました。しかし、制定を求める動きは無視できない大きさになっており、一九九九年に情報公開法は制定され、二〇〇一年から施行されることになったのです。*6

誰でも行政文書にアクセスできる権利

情報公開法の最大の意義は、法的権利として「開示請求権」が認められたことにあります。これまで、行政機関への情報公開の働きかけは、あくまでも「お願い」でしかなく、それに応じるか否かは各機関の裁量に委ねられていました。

しかし、「開示請求権」が認められたことで、情報公開請求が法的効力を持つことになりました。つまり、不当に開示に応じなかった場合には、「違法」として司法に訴えることができるようになったのです。明治以来、やっとここに、誰でも行政文書にアクセスできる権利が確立したのです。

他に重要な点としては、行政機関共通の行政文書の定義が行われたことが挙げられます。行政文書は、①職員が職務上作成・取得、②組織的に使用、③機関内に保有している、の三つの条件を満たした文書（電子データなども含む）と定義づけられました。

さらに、「行政文書の管理」の項目も入り、各機関の行政文書管理規則の公表や、行政文書の目録の作成・公表が義務づけられます。そして、二〇〇〇（平成一二）年二月二五日の各省庁事務連絡会議において、各行政機関の行政文書管理規則を統一するため、「行政文書の管理方策に関するガイドラインについて」という申し合わせが行われました。これによって、明治以来初めて、各行政機関の行政文書管理規則がほぼ統一されることになったのです。

しかし、これらの基準の「統一」はあくまでも「規則上」のものであり、規則の運用は以前と同様に各行政機関に任されることになりました。そもそも、文書管理規則がどこまで守られていたのかすら危うい状況の中、基準が統一されたところで、現場がどこまで守るのかが肝要でした。結局は、文書管理の不備が原因となる問題が次々と発生し、統一的な文書管理制度を法律で定めるべきだという声が高まることになります。

2 公文書管理法の制定

行政文書、不存在の多発

情報公開法は二〇〇一年に施行され、歴史的に重要な文書の公開があいつぎました。例えば、一九四五年九月に行われた昭和天皇とマッカーサー元帥との会談記録の公開は、その好例だと言えるでしょう。

しかしその一方、さまざまな問題が施行直後から浮かび上がってきたのです。特に大きな問題となったのは、文書が「不存在」として請求を却下される事例があいついだことです。行政文書の「不存在」とは、情報公開法に基づいて請求された用件に関する文書が、省内に「存在しない」ので開示できないということです。毎年の運用状況のデータを見ると、情報公開の決定件数のうち、少ない年で約三パーセント、多い年で約一〇パーセントが「不存在」として請求を却下されているのです。

この理由の一つには、「政策決定過程」を請求したために「不存在」になったことが挙げられます。すでに述べてきましたが、どのような文書を残すかは、官僚たちが「自分たちにとって必要な文書」であるか否かで判断されていました。そのため、決裁文書は残されるのですが、それを決める過程の文書は不要として捨てられる傾向がありました。

情報公開請求を行う人は、「どうしてそのようなことが行われたのか」という「過程」を知りたいケースが、当然ながら多いはずです。しかし、その要望に対応する文書は、行政機関の中では極めて残りにくいのです。

ただ、「不存在」が多いのはこれだけが理由ではありませんでした。

再び起きてしまった文書の大量廃棄

情報公開法が施行される直前に、各行政機関で文書が大量に廃棄されていたことが次第に明らかになってきました。

七九ページの表1は特定非営利活動法人情報公開クリアリングハウスが、各行政機関に行った情報公開請求で明らかにした文書廃棄の実態の一部です。このデータを見ると、情報公開法施行直前の二〇〇〇年度に、明らかに他の年度よりも文書の廃棄量が増えている機関が見られるのです。中には農林水産省のように前年度の二〇倍以上にもなっているところもありました。

なお、各行政機関はこの大量廃棄の理由として、文書管理規則の変更による「永年保存区分の廃止」によって、廃棄量が増加したとの説明を行いました。

「永年保存区分の廃止」とは、情報公開法を施行した際に、最も重要な文書の保存期間を「永年」から「三〇年」と変えたことを意味します。これを行った理由は、「永年」文書は何年経過しても「現用」(利用中)の文書とみなされるため、機関内に持ち続けるべきなのか、それとも歴史的な文書として国立公文書館等へ移管すべきかの判断をされません。そのため、本当に必要なのかどうかも分からずに倉庫に放置されるなど、管理自体もきちんと行われないケースが多くなっていました。そこで、情報公開法を施行する際に、原則として保存期間は最長三〇年とし、保存期間が切れる際に、この先も保存し続けるのかを見直させようとしたのです。

表１　各行政機関の文書廃棄量調査結果

	1998年度	1999年度	2000年度	2001年度
農林水産省		11	233	30
環境省		56	127	9
警察庁	53	111	200	22
財務省		269	619	121
外務省	520	1033	1283	974
人事院		30	70	33
金融庁		61	113	117
経済産業省	45	78	94	53
法務省		88	156	124
公正取引委員会		42	59	46
会計検査院	445	473	513	534
宮内庁		8	8	12

単位：トン、数字は小数点以下四捨五入、空欄はデータ無し

注：特定非営利活動法人情報公開クリアリングハウス「各行政機関の文書廃棄量調査結果」（2004年12月7日）に基づき著者がまとめたもの。このデータは、各行政機関が機密保持やリサイクルのために、業者に委託して溶解・粉砕処理した行政文書の廃棄量を情報公開請求で取得したもの。そのため、本表が廃棄された文書の全容を示すものではない。
http://homepage1.nifty.com/clearinghouse/research/bunsyohaiki02.pdf

この方針に基づき、各行政機関では永年保存文書の見直しが始まりました。情報公開法によれば、作成・取得からすでに三〇年以上経過した文書の場合、保存期間を「延長」して持ち続けるか、国立公文書館等に「移管」するか、「廃棄」するかの三択を迫られます。各機関には、明治以来の「永年」文書が山のように積まれていましたが、その多くは官僚にとって不要と判断され、この時廃棄されたのです。彼らにとって「不要」な文書が、歴史的には「重要」である可能性について、あまり考慮されなかったと思われます。

この事態が起きた原因として、国立公文書館に文書を移管するには、各行政機関との「合意」がなければ不可能であるということが挙げられます。情報公開法が施行されても、以前と同様に、文書を国立公文書館に移管するか否かを判断する権限は行政機関側にありました。

しかも、国立公文書館は中央省庁改革のどさくさの中で、二〇〇一年に独立行政法人化され、国の機関ですらなくなったのです。日本国憲法の原本などの歴史的に重要な公文書を保管している機関が、国家機関である必要が無いと判断されたことは、この国の政府の歴史軽視の姿勢を如実にものがたっています。そのため、独立行政法人である国立公文書館への文書移管がさらに進まなくなりました。

よって、これまでかろうじて「永年」扱いで行政機関内に「放置」されていた文書が、情報公開法によって三択を迫られたために、「廃棄」されてしまったのです。

この大量廃棄の原因には、各行政機関が一般の請求者に見られたくない文書を廃棄するといった「隠蔽」の意図もあった可能性があります。情報公開法による開示請求は、存在しない文書には適用されないからです。外務省で情報公開法施行前に条約局長を務めていた東郷和彦は、日米安保関係などの重要な文書が歴代局長によって引き継がれていたが、それが情報公開法施行直前に廃棄されてなくなった可能性を示唆しています。[*7]

しかし、「隠蔽」のみでこれだけの廃棄量が発生するとは思えません。まさに彼らが日常的に運用していた文書管理の論理によって、不要とみなされた文書が粛々と廃棄されていったのだと思われます。敗戦直後に引き続き、また文書の大量廃棄は起きてしまったのです。各行政機関が、廃棄量の増加理由を「永年保存区分の廃止」だと説明したのは、まさしく悲しいまでの真実であったのです。

文書を作らない

もう一つの「不存在」の理由は、行政文書が「作成されない」ために「不存在」となったということです。行政文書として作成された文書は、すべて開示請求の対象となるため、公開されると都合の悪い行政文書は意図的に「作らない」という事態が起こりました。例えば、それまでは審議会の議事録を作っていたものも、発言者が分からないような議事要旨しか作らなくなるケースが出てくるということです。

当時の新聞記事によれば、「文書を作らず、残さず、手渡さず」という「不開示三原則」が官僚にはあって、情報公開制度の骨抜きを図ろうとしていたとされています。また、情報公開法における行政文書の定義が、先述したように「組織的に用いるもの」であることを利用して、作成した文書を行政文書としてではなく「個人メモ」として扱うということも行われていたようです。

なお、この行政文書の定義自体は現在でも変わっていません。そのため、「個人メモ」問題は今でも非常に重要な問題を孕《はら》んでいます。情報公開クリアリングハウスの三木由希子理事長は、二〇一二（平成二四）年三月一九日のブログで「秘密保全法制の在り方に関する検討チーム」の議事録（実際は議事要旨）を紹介していますが、これによれば、議事録であるにもかかわらず、上部に「メモ　関係者限り・用済後廃棄」との記載がなされているのです。三木によれば、構成メンバーに配付していたため、個人メモとは言いされずに情報公開請求で開示された（墨塗り部分があるが）ようですが、請求されなければ「個人メモ」としていつかは闇に葬る気であったことは明らかでしょう。[*8]

「不存在」の理由に共通する点は、「行政文書の管理がずさん」（意図的であるか否かを問わず）であること。そもそも、情報公開法制定の提言を行った行政改革委員会は、情報公開法が的確に機能するためには「行政文書の管理が適正に行われること」が不可欠であり、その意味で「情報公開法と行政文書の管理は車の両輪である」と述べていました。しかし、行政文書の管理は、結局は各行政機関の「文書管理規則」に基づいて独自に行われ続けたため、外部の目が行き届かず、ずさんな管理が行われ、「不存在」が多発する事態になったのです。

そこで、公文書管理法を制定し、行政機関に任されている現状の公文書管理制度を改め、法律による統一的な公文書管理制度の導入が求められていくことになるのでした。

公文書管理法にかける福田康夫議員の熱意

情報公開法施行以後、多くの場所で公文書管理法の重要性が語られることになりましたが、この動きを一人の政治家が拾い上げました。自民党の福田康夫衆議院議員です。福田は、かつて石油会社で働いていた際に、父赳夫（元首相）の後援者が敗戦直後の前橋市周辺の写真を探していることを聞き、たまたま出張で米国に行った際に訪ねた国立公文書館で問い合わせてみたところ、すぐに写真が出てきたそうです。その時以来、福田は公文書館に対して関心を抱いていたようです。

そして、小泉純一郎内閣の官房長官に就任した福田は、二〇〇二（平成一四）年一二月一七日の「日本経済新聞」において、公文書管理制度が中国・韓国よりも遥かに遅れているという記事を目にし、国立公文書館の菊池光興館長（元総務事務次官）にその事実の真偽を問い合わせました。

菊池は、日本のアーカイブズの現状について率直に語った上で、独立行政法人となった国立公文書館でいくら立派な構想を出しても各省庁からはまともに取り合ってもらえないので、官房長官のもとでやらないと何も動かないと伝えました。そこで、福田は「公文書等の適切な管理、保存及び利用に関する懇談会」を官房長官のもとに設置し、公文書管理制度の改善について検討を行ったのです。しかしその後、福田が官房長官を辞任したこともあり、報告書をまとめるに留まりました。

ところが、二〇〇七（平成一九）年九月に安倍晋三首相が辞任し、福田に首相の座が舞い込んできたのです。公文書管理法制定を自らの手で行える立場になった福田は、翌年二月二九日、上川陽子少子化担当大臣を「公文書管理担当大臣」に任命し、「公文書管理の在り方等に関する有識者会議」を設置して、公文書管理法の制定に向けた動きを具体化させていったのです。

担当相になった上川は、議員になる以前、三菱総合研究所で「情報の越境」というテーマで研究を行っていました。その後、ハーバード大学に留学し、上院議員の政策スタッフとして一時期働いたことがありました。その際、公文書をはじめとする記録資料がきちんと保存・整理され、利用するための体制が整備されていることを実感したといいます。このような上川自身の経歴が、公文書管理問題への取り組みを進める際に生かされました。上川を選んだのは福田の慧眼《けいがん》だったと言えます。

上川は担当相就任直後に全行政機関を現場視察し、文書管理の状況について調査を行いました。各機関に文書管理を任せない姿勢を貫き、公文書管理法の意義を十分に理解して有識者会議を支援したのです。福田も上川も途中での退任を余儀なくされましたが、麻生《あそう》内閣になってからも野党との折衝を上川が担当し、公文書管理法制定に尽力しました。

消えた年金問題の解決のため

福田はこの時に、公文書管理法は「消えた年金問題」などの解決のために必要だという論理を掲げました。二〇〇七年から社会を大きく揺るがした「消えた年金問題」は、まさに公文書管理がずさんであったが故に起きた出来事だったからです。データの管理が不十分であり、年金記録の統合ができなくなったのです。

また、それ以外にも公文書管理がずさんなために問題が頻出していました。例えば、厚生労働省では、二〇〇二年にフィブリノゲン製剤の投与によるC型肝炎ウイルス感染についての報告書を作成した際、患者名が記載されていた症例一覧表を入手していたにもかかわらず、本人へ罹患《りかん》を告知しなかったことが二〇〇七年に発覚したのです。このため厚労省は、故意に事実を隠した疑いがもたれました。

この批判を受けて、厚労省は調査チームを立ち上げました。その調査の結果、放置された理由の一つとして、「倉庫内の文書の保管や管理は極めて不十分で、文書管理に組織としての問題があった」ことが挙げられました。放置された資料が保管されていた地下倉庫は、「どの書棚にどの書類がある」かが系統立てて整理されておらず、文書ファイルの背表紙に件名が記載されていない、ダンボールに入れられて文書が放置されているなど、まともな管理がなされていない状態にあったのです。この結果、重要な文書が見つけられずに放置されたのです。

このように、文書管理のずさんさが、国民に実害を与えるところまできました。福田は、この解決のラインに公文書管理法を乗せることで、統一的な文書管理制度導入に抵抗しそうな行政機関を牽制《けんせい》し、法制定を確実なものとしたのです。

公文書管理法の制定

二〇〇八（平成二〇）年一一月四日、有識者会議は最終報告を提出しました。この最終報告の冒頭の「基本認識」において、「公文書の意義」は次のように示されました。長いですが全文を引用します。

民主主義の根幹は、国民が正確な情報に自由にアクセスし、それに基づき正確な判断を行い、主権を行使することにある。国の活動や歴史的事実の正確な記録である「公文書」は、この根幹を支える基本的インフラであり、過去・歴史から教訓を学ぶとともに、未来に生きる国民に対する説明責任を果たすために必要不可欠な国民の貴重な共有財産である。

こうした公文書を十全に管理・保存し、後世に伝えることは、過去・現在・未来をつなぐ国の重要な責務である。これにより、後世における歴史検証や学術研究等に役立てるとともに、国民のアイデンティティ意識を高め、独自の文化を育むことにもなる。この意味で、公文書は「知恵の宝庫」であり、国民の知的資源でもある。

一方、公文書の管理を適正かつ効率的に行うことは、国が意思決定を適正かつ円滑に行うためにも、また、証拠的記録に基づいた施策（Evidence Based Policy）が強く求められている今日、国の説明責任を適切に果たすためにも必要不可欠であり、公文書を、作成↓保存↓移管↓利用の全段階を通じて統一的に管理していくことが大きな課題となっている。

このような公文書の意義にかんがみ、国民の期待に応え得る公文書管理システムへの道筋を示すことが、当会議に課された使命である。（傍線筆者）

公文書を民主主義の「基本的インフラ」であると掲げたこの報告書に基づき、翌年三月に公文書管理法案が閣議決定されました。しかし、この法案は内部で各行政機関からのさまざまな抵抗に遭い、明らかに有識者会議の最終報告から後退したものになりました。例えば、有識者会議の最終報告には、「国民の貴重な共有財産」とあり、「公文書」が「国民のもの」であることが明示されていました。しかし、その点は完全に法案から落とされていたのです。

しかし、当時は「ねじれ国会」であったため、自民党の上川や民主党の枝野幸男衆議院議員などが修正に向けての協議を行い、「国民の貴重な共有財産」などの言葉が戻され、大幅に改善された法律案になったのです。

二〇〇九年六月に修正案は衆参両院を全会一致で通過し、七月に公布されました。これによって、法律による公文書管理の統一的な基準が作られることになったのです。内容については次章で解説します。

公文書管理法は守られているのか

公文書管理法は二〇一一年四月に施行されました。では、施行後に状況は改善されたのでしょうか。

公文書管理法の施行一カ月前、東日本大震災が起きました。そのため、公文書管理法はあまり注目されずに施行されることになりました。皮肉にも公文書管理法が大きな注目を浴びたのは、東日本大震災によって設置された原子力災害対策本部における議事録未作成問題でした。間違いなく後世でも歴史的に重要な事件とされるであろう福島第一原子力発電所の被災問題において、その検証に必要となる議事録が作成されていなかったのです。

公文書管理法の第四条には、政策決定過程が検証できるように文書を作成する義務があり、「閣議、関係行政機関の長で構成される会議又は省議（これらに準ずるものを含む。）の決定又は了解及びその経緯」がそれに含まれていましたから、この条文に違反しているのではないかということが問題となったのです。

これは公文書管理法が存在しなければ、そこまで問題にはならなかったでしょう。議事録を作らずに要旨で済まそうとする姿勢は、二〇一一年になって突然とられたわけではありません。そして、これまで議事録を作らないことがそれほど大きな問題とは扱われてこなかったのです。ですから、公文書管理法の力を見せたのが、この未作成問題の追及であったと言えましょう。

公文書管理法の施行は、これまでの官僚の文書管理のあり方を大きく変えるものになるはずです。ですが、日常的に行っている文書管理のあり方が一朝一夕で変わるものではないでしょう。筆者はこの法が根づくには最低一〇年はかかると考えていますが、国民の側が、官僚たちがきちんと文書管理を行っているかどうかを絶えず監視する必要があると考えています。

そして、この公文書管理法がまだ定着し切れていない時期に、特定秘密保護法の制定問題が浮上することになるのです。

第三章　現代日本の公文書管理の実態と問題点

瀬畑　源

1　公文書管理法と情報公開法

車の両輪

「情報公開法」という法律があることを知らない人は少ないと思いますが、「公文書管理法」という法律があることを知っている人は一般にはそれほど多くないかもしれません。知っている人でも、前章で触れた原子力災害対策本部の議事録未作成問題で初めて存在を知ったという方が多かったのではないでしょうか。

前章まで、公文書管理法が制定される経緯を述べてきましたが、改めて、公文書管理法と情報公開法の内容を整理しておきたいと思います。そしてその内容を把握すれば特定秘密保護法がいかにそれまでの流れに逆行するものであるかがよく分かるはずです。

まず、公文書管理法と情報公開法は「車の両輪」と言われています。それは片方が無いときちんと前に進まないということです。それはどういうことでしょうか。

そもそも、情報公開法は「行政機関内に存在する行政文書」に対して公開を請求するものです。よって、行政機関がその文書を持っていなければ、請求しても「存在しません」でおしまいです。

「情報」ではなく「文書」であることが重要な点です。情報公開請求を行ってみると分かるのですが、「〇〇について知りたい」という請求を出すと、存在する文書に合わせて請求を絞ることを求められたりします。公開しても問題ない「情報」であれば、その場で担当者が「行政サービス」として口頭で説明してくれたり、後日書類で回答してくれることもありますが、それはたまたま親切な担当者に当たったに過ぎません。

よって、情報公開制度を機能させるためには、きちんと文書が作られていること、それが保存されていることが重要になります。それを保障する法律が公文書管理法なのです。そして情報公開法は公文書管理法に付随する法律と位置づけられています。

国民への「説明責任」と仕事の効率化を図る公文書管理法の理念

公文書管理法は第一条にその目的を掲げています。

この法律は、国及び独立行政法人等の諸活動や歴史的事実の記録である公文書等が、健全な民主主義の根幹を支える国民共有の知的資源として、主権者である国民が主体的に利用し得るものであることにかんがみ、国民主権の理念にのっとり、公文書等の管理に関する基本的事項を定めること等により、行政文書等の適正な管理、歴史公文書等の適切な保存及び利用等を図り、もって行政が適正かつ効率的に運営されるようにするとともに、国及び独立行政法人等の有するその諸活動を現在及び将来の国民に説明する責務が全うされるようにすることを目的とする。（傍線筆者）

まず、公文書管理法は、基本的には国の行政機関と独立行政法人を対象としており、国立大学法人や特殊法人（日本年金機構、日本中央競馬会など）、認可法人（日本銀行、原子力損害賠償支援機構など）なども含まれています。

次に、公文書を「健全な民主主義の根幹を支える国民共有の知的資源」とし、主権者である国民が「主体的に利用し得る」ものであることを宣言しました。公文書は国民のものであり、書かれた情報は民主主義のために必要不可欠だと位置づけられたのです。「知る権利」の明記にまではいたりませんでしたが、かなり踏み込んだ文章になっています。また、現在だけでなく「将来」の国民への説明責任も明記され、歴史的な検証ができるように文書を管理しなければならなくなったのです。

対象となるのは、現在各機関で使われている公文書だけでなく、歴史的な公文書も含まれています。文書を作成したり、他の機関から取得したところから、最終的に国立公文書館等に移管して永久に残すか、それとも不要として廃棄するかといった文書の「ライフサイクル」すべてを対象とするのです。つまり、一度公文書として作成・取得されたものは、必ずこの法律の対象となります。

また、この法律は、国民への「説明責任」を果たすためだけでなく、行政そのものが「適正かつ効率的に運営」されるためのものです。文書をしっかりと管理できれば、現在の仕事に過去の情報を即座に生かせますし、書庫に行って時間をかけて情報を探すような無駄なことをしなくて済みます。机の上に個々の職員が資料を山積みにして仕事をしているのは、結局は非効率ですから。

官僚からすると、文書をきちんと作らなければならないなど「面倒が増える」と思うかもしれませんが、仕事を効率化することも目的の重点に位置づけられており、国民も官僚もＷＩＮ－ＷＩＮの関係になるように考えられている法律なのです。

情報公開制度の発展

情報公開制度はなぜ必要なのでしょうか？

それは、政府が持っている情報を公開させることで、主権者である国民が主体的に判断できる環境を作るためです。政府は国民から信託を受けて政策を行っており、主権者に対する説明責任（アカウンタビリティ）を持っているからです。

なお、情報公開制度というのは「情報公開法」によってのみ保障されているのではありませんせん。例えば、他の法律によって情報公開を義務づけられているものも少なからずあります。よく知られているものとしては、国会の議事録公開が挙げられるでしょう。

また、これも情報公開運動の成果によるものなのですが、国会議員の資産、政治団体の政治資金収支報告書、政党・政治団体への五万円を超える寄付者の氏名などの公開も、情報公開制度の一環として考えられています。

さらに、情報公開法が施行されてからは、審議会の配付資料や議事録を自主的に公開することも増えました。特にインターネットの発展にともない、国民からの情報公開の要求に合わせて、政府からも積極的に情報提供を行うという姿勢が定着しつつあるのです。政府は「開かれた政府」（オープンガバメント）の一環として、こういった情報提供に取り組むようになってきました。

確かに情報公開法は、主権者の側から情報公開を働きかけるためのツールとして必要不可欠なものです。しかし、情報公開制度の精神が理解されなければ、「請求されたもののみ見せる」という方針になりかねません。

そのため、情報公開運動に携わってきた人々だけでなく、最近では原発事故における健康被害に関心のある人々などからも、情報公開制度の充実化は要求され続けています。前に述べたように、元から行政機関は情報を隠したがる傾向があります。よって、主権者の側が常に情報公開を求め続けていかなければ、情報公開制度はあっという間に骨抜きにされていくのです。

この観点からも特定秘密保護法には重大な問題があることが分かります。

2　行政文書の管理

つづいて公文書管理法の解説を行っていきます。なお、ここでは行政機関における公文書（行政文書）に絞って説明することにし、法律の具体的な解説については専門書に譲ります。

意思決定に至る過程を明らかにするための文書作成義務

公文書管理法には、文書の作成義務が書かれています。これによれば、「経緯も含めた意思決定に至る過程」や「事務及び事業の実績」を合理的に跡づけ・検証するために、文書を作成しなければならないのです。

作成する文書は五つの類型化がされています。

①法令の制定・改廃とその経緯
②閣議・大臣などのトップによって構成される会議・省議における決定・了解とその経緯
③複数の行政機関による申合せ、他の行政機関や地方公共団体に対して示す基準の設定とその経緯
④個人・法人の権利義務の得喪とその経緯
⑤職員の人事に関する事項

①〜③は、行政が行った政策に関する文書をきちんと作成するということ。「経緯」が含まれているので、最後の決裁文書だけを残せばよいということではありません。④は個人や法人の権利義務に関わる情報なので、市民生活に影響がある以上、文書を作成する必要があるということです。⑤の人事関係の書類は、当然作るべきものです。口頭で人事が行われてはならないのは当たり前です。

二〇一二年に問題になった原子力災害対策本部の議事録未作成問題は、②の規定に違反していると見なされました。複数の大臣が関わっていた会合の議事録は、当然「意思決定に至る過程」であったはずです。しかし担当者は、「状況を閣僚の間で共有する場として受け止められていたため、記録をとらなければならないという基本的な意識が希薄なところがあった」[*1]などと言い訳をしており、公文書管理法の趣旨が理解されていないことが浮き彫りになりました。

閣議の議事録

なお、閣議の議事録も②からは必要と読めます。ただし、明治以来、閣議の議事録は作成されてきませんでした。その理由としては、大臣同士の議論が公開された場合、閣内不一致と見なされてしまうことなどが挙げられています。

ただ、本来ならば、議事録を「公開する」ことと「記録する」ことの間には一線があります。記録しても「公開しない」という選択もあるはずなのです。ですが、これまでは慣例として作られてこなかったのです。

しかし、閣議自体はすでに形骸化しており、実際には必要な手続きを行っているだけのようです。そのため、公文書管理法の趣旨を踏まえれば、閣議後に行われている閣僚懇談会（閣僚による意見交換会）の議事録こそ、きちんと作成されるべきだと思われます。原子力災害対策本部の議事録未作成問題が起きた際に、民主党の岡田克也《かつや》副総理が閣議・閣僚懇談会の議事録作成問題に取り組みましたが、報告書を作成したところで政権交代があり、次の安倍政権では放置されたのです。

その後、公明党が特定秘密保護法を承認する際の条件としてこの閣議・閣僚懇談会の議事録作成を自民党に了承させたため、二〇一四年四月から議事録が作成・公開されています。

ただ、岡田案では議事録を作成して三〇年は公開しない（その代わりセンシティブな議論もきちんと記録する）方針でしたが、原則三週間程度で公開となったため、公開したくない議論は、記録が残らないように裏で行うようになるのではないかと危惧《きぐ》されています。そして実際に議事録を見た限りでは、その危惧の通り、ほとんど中身のない議論に終始していると言えます。

閣議や閣僚懇談会の議事録を残すことの本来の意義である「政策決定過程を記録する」という考え方が軽視されているのです。

レコードスケジュール

行政文書として作成した文書は、名称や保存期間を設定した上で、必ず「行政文書ファイル管理簿」という目録に登載することが義務づけられています。この目録はインターネット上で公開されています。

なお、保存期間が満了した後に、国立公文書館等に移管して永久に残すか、廃棄するかをあらかじめ書いておく必要があります。そして、できる限り、文書作成者が書くことが望ましいとされています。これは「レコードスケジュール」と呼ばれており、レコードスケジュールを決めるための基準（例えば「法律立案の基本方針」は三〇年保存など）も、各機関の文書管理規則によって定められています。

今まで、レコードスケジュールの設定は行われていませんでした。その場合、例えば、作成から三〇年経過した文書を残すか捨てるか考える時に、その文書の持っている歴史的な価値を判断することは簡単ではありません。作成した人は定年などで辞めている可能性が高いですし、覚えている人すら誰もいないこともありえます。よって、これまでは、その文書は「不要」と判断されて廃棄されがちであったのです。

本来、その文書の重要性は、作成した担当者が一番分かっているはずです。そこで、できれば作成した時にレコードスケジュールを作ることで、その文書の重要度を考える際の参考にするということです。なお、このレコードスケジュールはあくまでも「参考」に過ぎません。作成者は、あくまでも現在使えるかどうかで判断しがちであるので、最終的な判断は別の人が行うことが望ましいとされています。また、このレコードスケジュールを付ける作業をさせることで、自分自身の行っている仕事の歴史的な価値を考えさせ、結果的に公文書管理への意識向上につながることも期待されています。

残すか捨てるか

保存期間が満了した時の行政文書は、次の三つのうちのいずれかの処置が行われます。

①永久に保存するため、国立公文書館等へ移管する。
②保存期間を延長して機関内で持ち続ける。ただし、内閣総理大臣への報告義務がある。
③廃棄する。ただし、内閣総理大臣の同意が必要となる。

①は歴史的に重要な文書として永久保存するために、国立公文書館等に移管して、そこで公開するということ。②はまだ自分の機関内で使用中なので、期間を延長して持ち続けるということ。③は永久に残す必要はないとして廃棄されるということです。

この処置は各行政機関の長の責任で行われます。つまり、残すか捨てるかの一義的な判断は、各行政機関で行います。これは、公文書管理法制定以前から変わっていません。ただ、公文書管理法に基づいて定められた各機関の文書管理規則の基準によって、どの文書が①あるいは③に当たるかは、おおよそ定まっています。

なおこの法律で、②か③の処置をとる場合、外部への報告やチェックを受ける必要が新たに設定されました。②は「他に引き渡したくない」として機関内に隠すことになりかねませんので、なぜ延長するのかを報告する必要があります。③は「都合の悪いものを捨てる」ことにならないように、内閣総理大臣の同意が必要となります。各機関の長の判断を絶対視せず、他の機関がチェックをするということです。

ちなみに、③のチェック作業は、内閣府公文書管理課と国立公文書館の職員が行っています。内閣府という官僚が関わってはいますが、歴史文書を専門的に取り扱う国立公文書館の職員も関わっているため、審査自体は公正に行われているでしょう。

とはいえ、毎年二〇〇万件を超える廃棄ファイルのチェックを十数人で行っており、職員の努力だけでは何ともしがたい状況になっています。廃棄処分を撤回させた件数は、二〇一二年度では六三七件で廃棄ファイルの〇・〇三パーセント。各行政機関の移管・廃棄の判断が上手《うま》くいっていると考えるか、チェック機能が働ききってないと考えるかは判断が難しいところです。

いずれにしろ、この審査に関わる職員数を緊急に増員しないと、廃棄ファイルに重要な文書を紛れ込ませて捨てるようなことも起きかねません。また、特定秘密だった文書が移管されてくるようなことになれば、さらに仕事量が激増することになるでしょう。あまりの作業量の多さに、職員の疲労が半端ではないという話も耳にしており、早急な対策が求められます。

管理状況の報告

毎年、各行政機関は内閣総理大臣に行政文書の管理状況について報告書を提出することが義務づけられています。これをまとめたものはインターネット上で公開されており、誰でも見ることができます。

報告内容は、毎年作られている文書の数や移管・延長・廃棄の数などです。誤廃棄や紛失の報告なども義務づけられています。

なお、適正な管理がなされていないと判断された場合は、内閣総理大臣の命令で、各行政機関の長に報告書や資料の提出をさせたり、内閣府や国立公文書館の職員に実地調査を行わせることができるのです。

二〇一二年度では、資源エネルギー庁が、原子力安全・保安院から新たに発足する原子力規制委員会に引き継がれるべき行政文書を、一四二件紛失していたことが明らかになりました。このため、内閣総理大臣は資源エネルギー庁長官に対して、その事実関係や原因分析結果、再発防止措置について報告を求めました。これに対し、資源エネルギー庁長官は、相当以前に別の機関から引き継がれた際に、管理簿と現物の照合作業が不十分だった可能性が高いなどの報告を行いました。[*2]

少なくとも、公文書管理法の施行によって、こういったずさんな文書管理の実態が明らかになってきており、再発防止などの効果が現れてくると思われます。

文書管理規則

公文書管理法の目的が、各行政機関の文書管理制度を統一化することであったことはすでに述べてきました。そのため、文書管理規則の統一が行われました。

なお、この「規則の統一」という点については、情報公開法施行の際にすでに行われてはいました。ただ、特に法的な拘束力がなかったため、どこまで有効に働いたかは不明でした。

公文書管理法においては、統一マニュアルにあたる「行政文書の管理に関するガイドライン」が内閣総理大臣決定という形で作られました。このガイドラインは、内閣府のもとに置かれる公文書管理委員会（有識者によって構成）で審議が行われ、パブリックコメントの募集も行われるなど、決定過程がオープンにされたのです。そして各行政機関は、このガイドラインに準じた文書管理規則を作ること、その規則は内閣総理大臣の同意が必要なため、公文書管理委員会での審議も必要となりました。つまり、文書管理規則を各機関が好きに改正したりすることを禁じたのです。

また、先述したように、管理状況の報告も義務づけられたため、統一的な文書管理をしなければならない状況が生まれたことは間違いありません。しかもこれからは、違反をした場合に法律違反として批判を受ける可能性も高いのです（原子力災害対策本部がその例）。現場で実際に公文書の適正な管理が根づくには時間がかかると思われますが、制度が法律によって支えられているため、徐々にこの仕組みに従うことが当たり前になってくることを期待したいところです。ただし、後述しますが、特定秘密保護法によって、これらのメリットが制限される可能性があることは注意した方がよいでしょう。

3　行政文書を閲覧するには

現用と非現用

行政文書の閲覧請求を行う際には、その行政文書が「現用」か「非現用」かによって方法が異なっています。「現用」というのは、保存期間満了前の文書であり、基本的には各行政機関内で保管されています。「非現用」は保存期間が満了した後の文書のことであり、特に歴史的に重要な文書は、国立公文書館等に移管されて公開されます。公文書管理法上では「特定歴史公文書等」という名称で呼ばれています。

現用の行政文書の閲覧を行う場合には情報公開法、特定歴史公文書等の閲覧を行う場合には公文書管理法に基づいて請求を行うことになっています。

情報公開法による請求

現用の行政文書の閲覧は、その文書を管理している行政機関の窓口へ情報公開請求を行います。郵送でも行えますし、インターネットでの受付が可能な機関もあります。

請求書の書き方は二つのパターンがあります。

一つ目は、目録である行政文書ファイル管理簿で対象ファイルを探して、ファイルごと請求するケース。管理簿がしっかりとしている機関ならば、これが一番スムーズに行きます。ただ、管理簿上の名称と自分がほしい情報にズレがある場合がありうるので、出てきて閲覧したら全然違う情報だったというケースもあります。

二つ目は、「○○について調べたい」というこちらがほしい情報をとりあえず書いて、あとは電話などで担当者とやりとりをして文書を絞る方法。管理簿に登載されている情報が分かりにくいケースが多いので、実際にはこの後者の手法が一般的になっています。自分がほしい情報を手に入れられる可能性は高くなりますが、担当者が徹底的に調査をしてくれる人でないと、情報に漏れがあったりします。

また、基本的には情報公開請求への対応は「面倒」と思われていますので、対象となる文書を少なくするように誘導されることがあります。

筆者はこの両方をバランス良く使っています。例えば、まずは二つ目のやり方で文書を探し、開示された情報がどのファイルから出てきたのかを聞いた上で、一つ目の方法でファイルごと請求する、といった方法。この手法だと、かなり網羅的に情報の収集を行うことができます。

なお、請求にかかる手数料は一件あたり三百円。開示後に閲覧に行く場合一〇〇枚あたり百円がかかります。複写代は一枚十円です（最初に支払った三百円から、閲覧や複写の費用を充てることが可能）。複写代がかかるのはわかりますが、閲覧するためにお金がかかるのはおかしいと考えます。情報公開を多用する場合の費用は馬鹿にならないところがあり、請求や閲覧にかかる手数料が、情報公開制度利用への障壁となっていると指摘する人たちも数多くいます。

情報公開請求を行うと、基本的には三〇日以内に回答が来ます。文書量が多いなどの理由で時間がかかる場合はプラス三〇日、さらにかかる場合には開示日を明らかにした上でそれ以上延長されることがあります。二〇一二年度では、約九〇パーセントが三〇日以内に開示されており、よほどの大量請求や戦前の手書きの文書といった読みにくいものを除けば、おおよそ三〇日以内には開示されています。*3

秘密保護法以前からの問題――広範囲に及んでいる不開示規定

請求した文書は、開示するか否かの審査がされます。原則は開示ですが、以下の六つの類型に当たるものは不開示にできます（一一八ページの表2参照）。法律的な話なのでやや難しいかもしれませんが、重要な内容なのでお読みいただくことをおすすめします。

①「個人に関する情報」

個人の思想信条や身分地位など、個人に関する一切の情報を「個人情報」としています。これは故人も含まれます。「特定の個人を識別することができる」とは、例えば、ただ単に「名前」が書いてあるということでは該当せず、「名前」にプラスして「住所」や「職場」などの情報が書かれていて、その本人が特定できることを意味します。また、「識別」とは、その文書内で識別できるか否かだけではなく、例えば公刊されている本と照らし合わせると、行政文書に書かれている個人が「識別」できるという場合も、この「特定の個人を識別」という概念に含まれます。

ただし、これではありとあらゆる個人に関する情報が不開示になってしまうので、例外規定が存在します。

第一に、慣行として公にされている（予定も含む）情報。例えば記者会見ですでに明らかにされているものや、叙勲者名簿のように公開が前提となっている個人に関する情報がこれに当たります。

第二に、人の生命、財産等を保護するために、公にすることが必要な情報。具体的な事例としては、医薬品の副作用症例の情報の公開（患者の名前は不開示）などがそうです。

第三に、公務員等の職務遂行に関する情報。「公務員等」というのは、国家公務員、地方公務員、独立行政法人（地方を含む）の常勤、非常勤職員に該当します。これらの職員の氏名は原則開示されます。ただし、警察職員は基本的には警視以上のみが公開の対象となります。なお、氏名を公にすることで、危害を加えられるなどの恐れがある場合などは不開示にできます（暴力団対策など）。

この不開示方法は「個人識別型」と呼ばれています。「識別」できれば何でも不開示になるため、行政側が「個人情報」の幅を大きくとり、不開示部分を多くする傾向があります。なお、北海道などいくつかの地方自治体の情報公開条例では、「プライバシー型」の不開示方法がとられています。これは、特定の個人を識別できる情報のうち、「通常他人に知られたくない」もののみを不開示にする方法です。このように情報の「型」ではなく「内容」で開示・不開示を決めると、むやみに不開示が広がらないと思います。

②「法人等に関する情報」

「法人等」には、行政機関や独立行政法人を除く法人、つまり会社や学校法人、特定非営利活動法人（NPO）などが含まれます。原則公開ですが、公開すると提供元の正当な利益を害する情報や、公にしないと約束した情報については不開示にできます。ただし、開示した方が公益に沿うという場合には開示できます。

③「国の安全等に関する情報」および④「公共の安全等に関する情報」

外交防衛や公安関係の情報は、公開すると表2に掲げてあるような「おそれ」がある場合、「相当の理由」があれば不開示にできます。他の項目とは異なり、「行政機関の長」の裁量を尊重するという書き方になっています。関係する情報が非常にセンシティブな問題ですので、情報を保有している機関の専門的知見を重要視したためです。

しかしこのために、各機関の裁量によって、情報の不開示部分を恣意的に広げることが可能になってしまっています。よって、外交防衛や公安関係の情報は、この一つの規定によって、かなりの部分を門前払いすることが可能になっているのです。

⑤「審議・検討等に関する情報」

行政機関内部または相互間で審議を行う際に、議論の過程が明るみになることにより業務に不都合が出る場合、その情報を不開示にできるという規定です。公共事業の入札価格を決めようとしている過程の情報などはこれに当たります。

⑥「事務または事業に関する情報」

表2にある五つの事例においてのみ不開示にできます。おおよそは文章を見れば内容は想像できるでしょう。

なお、各項目にある「おそれ」とは、抽象的な可能性だけでは適用されず、法的に保護する必要性があることを説明できないと適用されません。

以上の六つが不開示規定です。不開示情報が含まれていた場合、該当する部分が「墨塗

表2　情報公開法の不開示情報（情報公開法第5条）

号	情報	不開示情報の類型
①	個人に関する情報	特定の個人を識別することができる情報で、以下に当たらないもの イ　法令の規定によりまたは慣行として公にされ、または公にすることが予定されている情報 ロ　人の生命、財産等を保護するため、公にする必要がある情報 ハ　公務員等の職務の遂行に係る情報
②	法人等に関する情報	法人その他の団体または事業を営む個人に関する情報であって次に掲げるもの（人の生命、財産等を保護するため、公にする必要がある情報を除く） イ　公にすることにより、当該法人等の競争上の地位等正当な利益を害するおそれがある情報 ロ　公にしない条件で任意に提供された情報
③	国の安全等に関する情報	公にすることにより、国の安全や他国等との信頼関係が損なわれるおそれや交渉上不利益を被るおそれがある（と行政機関の長が認めることにつき相当の理由がある）情報
④	公共の安全等に関する情報	公にすることにより、犯罪の予防や捜査その他の公共の安全と秩序の維持に支障を及ぼすおそれがある（と行政機関の長が認めることにつき相当の理由がある）情報
⑤	審議・検討等に関する情報	国の機関等の内部または相互間における審議、検討または協議に関する情報であって、公にすることにより、率直な意見の交換・意思決定の中立性が不当に損なわれる等のおそれがある情報
⑥	事務または事業に関する情報	事務または事業に関する情報であって、公にすることにより、次に掲げる等のおそれがある情報 イ　監査、検査、取締り、試験または租税の賦課等の事務を困難にするおそれ ロ　契約、交渉または争訟に関し、財産上の利益、当事者としての地位を不当に害するおそれ ハ　調査研究に係る事務に関し、その公正かつ能率的な遂行を不当に阻害するおそれ ニ　人事管理に係る事務に関し、公正かつ円滑な人事の確保に支障を及ぼすおそれ ホ　国または地方公共団体が経営する企業・独立行政法人等の事業に関し、企業経営上の正当な利益を害するおそれ

『公文書の管理と移管』独立行政法人国立公文書館、2010年7月（http://www.archives.go.jp/law/pdf/pamphlet01h22.pdf）をもとに作成

り」にされて見られなくなります。なお、その不開示のされ方に不服がある場合は、情報公開・個人情報保護審査会において審査を求めることができます。

この不開示規定は、相当に広範囲に及んでいることに気づかれるでしょう。個人情報の範囲も広いし、外交防衛、公安関係情報は、ほぼ何でも不開示にできかねません。民主党が政権を取っていた二〇一一年に、この不開示の規制を緩くする情報公開法改正案が閣議決定までなされたのですが、東日本大震災や、情報公開にはあまり熱心ではない野田内閣の姿勢によって、結局は棚ざらしにされて廃案になってしまいました。非常に残念でなりません。

国立公文書館等

特定歴史公文書等の閲覧は、国立公文書館等で行われます。「等」というのは、行政機関のいくつかに例外が認められているからです。

歴史的に重要な行政文書は、基本的には国立公文書館に移管されます。国立公文書館は東京の北の丸公園内にあり、大日本帝国憲法や日本国憲法の原本などを保管しています。

ただし、国立公文書館が設立される以前から、機関内で独自に歴史的に重要な文書の管理を行っていた外務省と宮内庁だけは、それぞれ外務省外交史料館、宮内庁書陵部宮内公文書館への文書移管を許されています。なお、この二つも、国立公文書館と同様に公文書管理法の規定に従っています。

なお、戦前の陸海軍の行政文書については、米軍によって敗戦直後に押収され、のちに返還された文書や、旧軍人によって隠匿された文書などが、防衛省防衛研究所戦史研究センター史料室に収蔵されています。ただしこれらは、一度は行政文書としての取り扱いから外れていたため、現在では「特定歴史公文書等」としては扱われておらず、他の歴史的に重要な行政文書とは扱いが異なってしまっています。

公文書管理法による請求

国立公文書館等での文書閲覧は目録に従って行われます。現用の行政文書とは異なり、目録がしっかりとしているので、題名で内容はほぼ把握できるようになっています。そのため、検索でヒットしたものを請求すれば閲覧することができるのです。

すでに審査が終わっていて公開されている文書は、来館すればすぐに見ることができます。また、戦前の文書を中心に、国立公文書館やアジア歴史資料センターのデジタルアーカイブで原本の公開が続々となされており、インターネット上から閲覧が可能です。外交史料館でも一部の資料がネット上に公開されています。

審査がまだ終わっていない「要審査」と表示された文書については、公文書管理法に基づいて、あらかじめ利用請求を行わなければなりません。請求に基づいて審査を行い、情報公開法と同様に、原則三〇日以内、三〇日延長可、開示日を明示してさらに延長というなずれかで開示決定がされます。二〇一二年度では約九〇パーセントに三〇日以内の決定がなされました。*4

審査には情報公開法の①と②、⑥のイとホの不開示規定が適用され、さらに③と④も移管元の行政機関の長が理由を付ければ不開示にできるなどの規定があります。それを定めた第一六条では、第二項に「時の経過を考慮する」という一文が入っているため、すでに開示しても問題が無くなった文書については公開されます。作成・取得当時は公開が無理でも、三〇年経過したら、それを隠す必要が無くなるというケースは多々あります。例えば、当時の最新技術に関する情報は、三〇年経過したらもう過去の遺物でしかない可能性は高くなります。情報は時間の経過と共に劣化するものなのです。

なお、外交防衛や公安関係情報については、移管元の意見を受け入れざるを得ない条文になっています。国立公文書館等の側が独自判断できる余地はあるでしょうが、移管元の主張に反する開示を行うことは、力関係からいっても簡単ではないでしょう。

この点は、秘密保護法との関係で非常に重要であるので覚えておいてください。

現在、行政文書の現用・非現用を問わず、外交防衛や公安情報については相当に厳しい不開示規定が存在しており、これらの文書は何年経っても国民には見られないということです。たとえ、国立公文書館等に移管をされていたとしても（実際には移管すらされていない）、移管元が「見せたくありません」と言えば公開されないのです。秘密保護法以前から、こういった情報は隠蔽され続けているのが、現在の日本なのです（外交文書は、他国が公開すると出さざるを得ないので、例外的に公開が進んでいます）。

マイナスなことをかなり書きましたが、実際には国立公文書館等へ請求した文書のほとんどはそのまま開示されています。不開示になったもののほとんどは、①の個人情報規定に引っかかったものです。公文書館に勤務しているアーキビストの方たちは、自分たちの館で所有している資料をもっと使ってほしいと考えており、できうる限り開示するための努力をしてくれています。法的な規制をもう少し緩くするべきだと、筆者は思わざるを得ません。

便利になった国立公文書館等

公文書管理法の施行以前は、国立公文書館と外交史料館、宮内公文書館では規程がバラバラでした。また、開示請求を行っても、審査にかかる期日が法定化されていなかったので、どのくらい待たされるか予測も付かなかったのです。

筆者は研究の関係上、宮内公文書館をよく利用していますが、公文書管理法以前は、開示請求をしたら最低でも三カ月、長ければ数年単位で審査終了まで待たされていました。今では原則三〇日で公開されており、その公開速度に感激すら覚えています。

また、公文書管理法施行にともなって定められたガイドラインによって、デジタルカメラでの資料撮影が可能になりました。原本をコピー機にかけると資料を傷めてしまうので、それまではマイクロフィルムに撮影した上でそれを紙焼きするか、手で写す（ＰＣに打ち込む）かするしかなかったのです。デジタルカメラで撮影できるようになったのは、研究の進展のためにも非常に大きなことだったと思われます。

　こういった施設は、研究者以外の方にはなかなか取っつきにくいところがあるかもしれません。ですが、試しにデジタルアーカイブをのぞいてみてはいかがでしょうか。近現代の有名な資料、例えば、日露戦争の日本海海戦のバルチック艦隊発見後の出撃時の電報「本日天気晴朗ナレ共波高シ」[*5]などもアップロードされていますし、国立公文書館やアジア歴史資料センターのウェブサイトでは、このような有名な資料をまとめたページを用意しているので、こういったところから歴史的な行政文書の世界を体験していただけたらと思います。

第四章　公文書館の国際比較

久保　亨

しばしば耳にする「世界に比べ日本は○○が遅れている」という表現は、あまり使いたくありません。本当に世界の方が優れているか疑問な場合もあるし、日本は日本でよいだろうと思う時の方が多かったりするからです。しかし、この公文書館に関する状況についていえば、状況は、まったく頭がくらくらするほどの立ち遅れです。施設の規模にしても、公文書の整理公開状況にしても、そこで働く専門家や職員にしても、それを支える法制度の整備にしても、日本は、あらゆる面で際だって遅れているのです。しかもその背後には、長い歴史が横たわっています。現実を見据え、抜本的な拡充をめざすほかありません。

1 市民革命から生まれた欧米の公文書館

欧米諸国の公文書館は、市民革命によって近代国家が誕生し、やがて普通選挙を通じ民衆が政治に参加する時代が始まるなかで設立されました。革命政権が公布する法令と政策文書を系統的に保管し、それを民衆が参照できるようにする、というのが、設立当初の重要な目的です。単に建物の規模が大きく設備が整っているだけではなく、市民生活の中に深く溶け込んだ存在であることにも注目しておきたいところです。

一世紀半の歴史――イギリスの公文書館

ロンドン郊外にキュー・ガーデンという緑に包まれた王立植物園が広がっています。その周囲の閑静な住宅地の一角に建つ白い大きな建物がイギリスの公文書館、ナショナル・アーカイブズ（The National Archives＝ＴＮＡ　旧称パブリック・レコード・オフィス＝Public Record Office＝ＰＲＯ）本館です。ここに一一世紀以来のイギリスの内政、外交に関わる膨大な公文書類が保管され、世界中の研究者がそれを閲覧するために集まってきます。研究者だけではありません。一九八〇年代に筆者が初めてここを利用した時は、自分のご先祖様や居住地の由来などを調べるため、イギリスの一般市民も数多く訪れていました。

イギリスで初めて公文書に関わる法律が制定されたのは、フランス（次に述べるように、革命後、世界に先んじて市民のための公文書館を整備したのはフランスです）に遅れること約半世紀の一八三八年であり、その二〇年後、一八五八年にロンドン市内のチャンスリーレインに収蔵庫と閲覧室が設立されました。

キューの新たな本館は一九七七年の建設です。キュー本館は、スコットランドの公文書館（National Archives of Scotland　エジンバラ）や北アイルランドの公文書館（Public Record Office of Northern Ireland　ベルファスト）とも連携して、公文書の管理に当たっています。

公文書の系統的な保存と管理

筆者がキューの本館を訪れたのは、中国の関税・貿易問題をめぐり、一九三〇年代にイギリス政府が中国や日本、アメリカなどとの間で行った外交交渉の記録を調べるためでした。二国間の外交交渉の記録であれば、当然、両国に同様の記録が残るはず。キューに行く前の時点で、すでに日本側の記録は日本の外交史料館で調べてありましたし、中国側に残された記録は非常に少ないことも確認していたので、イギリス側の記録を見ても、果たしてどれほど新しい情報を得られるか、正直言って不安でした。

しかし、実際に訪れ、関係する文書を調べてみると、まったく予想は裏切られました。膨大な量の系統的な情報が眠っていたのです。ホーム・ステイでキューの民家に滞在していた三週間ほどの間、平日は毎日、朝から晩まで本館の閲覧室に通い、文書を書き写し、必要部分のコピーを依頼しました。

同じ問題を扱いながら、なぜ、これほどまでに情報量が違っているのでしょうか。その理由は、文書を実際に紐解《ひもと》いてみれば、すぐに了解できます。

中国に対するイギリスの外交交渉を例にとってみると、ある一つの問題での交渉方針を決めるまでには、本国外務省の担当部局で原案が作成され、貿易省など関係省庁との調整が行われ、最終的に外務大臣の承認を得る、という一連の過程が存在します。時には、その途中で経済団体などからの要請文書が届いたり、国会審議があったりもする。ナショナル・アーカイブズでは、そうした節目節目に作成された重要な関係文書が、すべて文書作成に関わった官僚の署名入りで系統的に残され、一つの束に括《くく》られて保管されているのです。

中国政府の交渉態度が中国駐在のイギリス公使から報告されてくると、その報告に対する外務省の担当部局や関係者のコメントを書き込んだ文書が積み重ねられていき、最終的に新たな対応方針を決めるまでの過程が、また一つの束になります。このような系統性を持った文書の束が集められているため、非常に多くの情報を系統的に分析することが可能になるのです。

残念ながら、日本の外交史料館や国立公文書館では、こうしたまとまりを持った文書の束を期待することができません。中国の場合も、ある一つの政策を決めるまでの決定過程に関する文書類は、あまり保管されていません。一つ一つの政策に対する官僚の個人責任まで明確にするのがイギリスの公文書であり、それとはまったく正反対の「顔のない文書」が日本の公文書だといえるかもしれません。

公文書の選別と保存

イギリスの公文書管理がしっかりしている理由の一つは、公的機関で作成された公文書のうち、どの文書を残し、どの文書を保存するかという評価選別システムが確立していたからです。二〇世紀半ばにグリッグ委員会が決めた方法で、記録作成から数年後に当該行政機関の担当者が第一次選別を行い、さらに作成から二五年後にアーキビストが第二次選別を行い、永年保存資料を決定するというものでした。

しかし、近年の記録量の増加や文書資料のデジタル化、情報自由法の公布（二〇〇〇年）などの新しい動きに対応し、現在では、ナショナル・アーカイブズが関係部局と協力して決めた選定基準に基づき、その指導と監督の下で文書作成部局が評価選別を行う方式に改められています。

その結果、最終的にナショナル・アーカイブズに移管されるのは政府機関公文書の五パーセント未満にコントロールされ、その他の永年保存公文書は国内二四〇の機関（地方公文書館、国立図書館、国立美術館等）に分散保存されるようになりました。公文書を最終的に選別し、その保管先を確定するまでの暫定保存のための倉庫も設けられています。

もう一つ、注目されなければならない点は、文書管理の専門家養成課程が、ロンドン大学、リバプール大学などの大学院に設けられていることです。修士学位を取得した専門家が、ナショナル・アーカイブズをはじめとする各地の文書館で文書の選別と保管に携わっています。

革命が生んだ公文書館——フランス

フランス革命が起きた翌年の一七九〇年、革命政府は、王政時代の文書を保存すると共に、自らの施策を系統的に保管し民衆に知らせていくため、行政命令によって国立公文書館を設立し、一七九四年には公文書館制度の基礎を固める法制を整備しました。公文書の保存と公開は革命と共に開始されたのです。その後、一九七八年にいたり新たな文書保存法が公布されています。

フランス政府のフランス公文書館局（Archives de France）は、国立公文書館、地方自治体（州、県、市町村等）レベルの公文書館、その他の公文書保管認定施設など合わせて約八〇〇の公文書館を統括しています。また国立公文書館自体が歴史公文書館、現代公文書センター、海外公文書センターなど五つの組織から構成され、外務省と国防省は、それぞれ独自の公文書館を設置しているのです。

保存すべき公文書の選別作業は、イギリスと同様、公文書館側の主導権の下で進めるようになっており、公文書館から各行政機関に派遣された文書管理官が行政機関側の担当者と協力して文書目録を作成し、保存期間や最終処分の原案を作成します。その後、最終的な選別と保存に関わる方針は、各行政機関と公文書館との合意により決定されるのです。

国立古文書学院（École nationale des chartes）、国立文化遺産学院（Institut national du patrimoine）などきわめて専門性の高いアーキビストを養成する機関が存在するほか、市町村や企業の文書保存に当たるアーキビストを養成するコースもいくつかの大学に置かれています。

強大な権限を持つ公文書館――アメリカ

フーバー、ケネディなど歴代大統領の名を冠した文書館が各地に設立され、それぞれの大統領の執務時代の文書が系統的に保管されるという独自の体制も存在します。しかし基本的にはナショナル・アーカイブズ（National Archives and Records Administration＝NARA）と呼ばれる国立公文書館記録機構が、国全体の公文書管理を指揮する統合機関であり、千人を超す職員を抱える国立公文書館本館のほか、新館、各地の記録保存センターなどを傘下に置き、強大な権限を握っているのです。大統領の名を冠した各地の文書館も、むろんその監督下にあります。

アメリカのナショナル・アーカイブズに関する法律（National Archives Act）は一九三四年に制定され、翌一九三五年には専用のビルが首都ワシントンに建設されました。

筆者が利用したフーバー・アーカイブズはサンフランシスコ近郊のスタンフォード大学に設立されている文書館であり、フーバー大統領の執務時代の文書のほか、同時代の政治家や官僚の個人文書類も大量に保管されています。その中に中国国民党政権の財政顧問を務めたA・ヤングが寄贈した個人文書があり、近現代中国の経済史を専攻する筆者にとって、非常に興味深い史料が含まれていました。

近年、台湾から蒋介石《しょうかいせき》の日記もここに移されてきて公開され、注目を集めました。むろんこれらの個人文書類は、本書が主題にする行政機関が作成した公文書とは、性格を異にします。しかし、政策決定過程を考察する上では、公文書に加え、個人の手元に残されたメモ類や日記が貴重な手がかりを与えてくれる場合が多いのです。

話を元に戻しましょう。アメリカの各行政機関の通常の公文書については、NARAが制定した規程（General Records Schedule = GRS）に基づき、各行政機関自身が選別を行っており、永年保存文書に関しては、通常、作成の二五年後に公文書館に移管されます。アメリカの場合、フランスやドイツのような国立のアーキビスト養成学校は存在しませんが、全国約三〇の大学院の図書館情報学科や歴史学科にアーキビスト養成課程が置かれています。

2　王朝の伝統を継ぐ中国の公文書館

正史編纂のための文書保存

欧米の公文書館に比べ、やや異なる歴史を持つのが中国の公文書館制度です。王朝時代の伝統は、正史を編纂する役割を負う次の王朝のため、現に存在している王朝は必ず重要文書を系統的に保管しておかなければならない、というものでした。そうした伝統からすれば、一九一一年に勃発した辛亥《しんがい》革命を経て一九一二年に成立した中華民国政府は、それまでの王朝であった清朝が保存していた文書をもとにして清朝の正史を編纂しなければならないし、自らの統治を記録する文書を系統的に残しておかなければならない。基本的には、まずそうした伝統を引き継いだ枠組みのもとで、近代中国の公文書館は発足したのです。

もう少し具体的に書いておくと、一九一三年に設立された清史館は、前代の清朝の歴史編纂にあたり、一九二七年には『清史稿』を完成させたのです。一方、一九一四年に設立された国史館は、中華民国の歴史記録の収集と整理保管に当たることになっていました。ただし、その後、国史館は予算不足のため、一九一七年に活動の停止を余儀なくされ、一九四七年にようやく再建されたものの、折から中華民国が崩壊し、中華人民共和国が一九四九年に成立したため、再び作業の中断を迫られました。なお清朝の宮廷の中の文書については、一九二五年に設立された故宮博物院文献部（一九二九年、文献館に改組）が保管と整理に当たりましたが、その一部は後に台湾に運ばれました。

中央・地方で三〇〇〇を超える公文書館

現在、中華人民共和国には、中央政府所管の全国レベルの公文書館として、三館が設置されています。一つは明代・清代の歴史的な公文書を保管する第一歴史檔案館《とうあんかん》で、北京《ペキン》の故宮の一角に建っています。各地からの報告文書や皇帝が日々決裁していた政策文書を含む膨大なコレクションは、明清史研究の宝庫でもあります。

続く一九一二年から四九年までの中華民国期の公文書は、南京《ナンキン》の第二歴史檔案館に保管されています。ただし民国期の文書の相当部分は、国民党政権の全国統治が崩壊した一九四九年に台湾へ搬出され、後で述べるように現在は台北《タイペイ》の故宮博物院や国史館などに置かれるようになりました。

第二歴史檔案館の敷地は、かつて南京が国民党政権の首都だった時代の官庁街の一つ中山東路に面しており、門をくぐった正面には民国期に建設された宮殿様式の建物が鎮座しています。筆者が最初に利用した一九八〇年代にはそこで文書を閲覧しましたが、一九九〇年代以降、そのすぐ裏手の新築のビルに閲覧室が設けられました。やはり行政、司法関係を含む大量の文書が保管されており、財政経済関係、教育関係などの文書は比較的よく整備されています。

しかし日本による侵略の傷跡が公文書の面にも生々しく残り、戦前の文書は必ずしも系統的に保存されているわけではなく、すでに散逸してしまったものも少なくありません。加えて、軍事、外交関係の文書には厳しい利用制限がかけられており、その閲覧すら容易ではない。また戦後の文書は、政府の倒壊によって現用文書の段階のまま残されたものが大半であり、ほとんど選別作業が行われていません。そうしたさまざまな問題はあるにせよ、一九八〇年代に第二歴史檔案館の公文書の利用が可能になってから、民国史研究と呼ばれる二〇世紀前半の中国史研究は飛躍的な発展を遂げました。

そして一九四九年以降の公文書、並びに中国共産党の文書、共産党が関わった革命運動に関わる文書などを大量に保管しているのが、北京にある中央檔案館です。ただし、この公文書館は、一般に公開されていません。外国人研究者のみならず、中国の一般市民も、中国人の研究者も、部外者は誰も接近できないのです。その結果、一般の歴史学者が中華人民共和国の歴史を自由に論じることは、今も難しい状況が続いています。

なお、近年にいたり、中央省庁の一つである外交部が自らの公文書館を一般にも公開するようになっています。

一方、特筆すべき点は、上記の全国レベルの公文書館とは別に、各省や市、県のレベルごとに公文書を保管し公開する檔案館が、全国各地に三〇〇〇カ所以上、設置されていることです。そして、その一つ一つの公文書館の規模がきわめて大きい。その中でも上海《シャンハイ》市檔案館と北京市檔案館は、人民共和国期の公文書も含め、内外の研究者に対し広く門戸を開放しており、その公文書を用いた優れた歴史研究が多数発表されるようになっています。

中国版秘密保護法――国家保密法

一方、中国では、檔案法という公文書の管理と公開を定めた法律の前に、国家秘密保護法（中国語名「保守国家秘密法」、略称「保密法」）が一九八八年九月に制定されました。ここにいう「国家秘密」とは、「国家の安全と利益に関わること」であって「一定の期間、一定の範囲の人しか知ってはならないこと」と規定され（第二条）、軍事、外交、経済、科学技術など多岐にわたる情報が、その範囲に含まれています（第九条）。

では誰がその秘密情報の範囲を決めるのでしょうか。それは、国家の保密行政管理部門が外交・公安・国家安全の各部門と会議を開いて決めることになっているほか、軍事情報については中央軍事委員会自身が決める、という規定です（第一一条）。

国家の秘密は国家が決めるという大変に正直な立法であり、民衆が国家権力を監視するという考え方の対極にある法律ともいえるでしょう。この保密法がある限り、国家に都合の悪い情報はいっさい公開されません。そして、秘密を漏らしたものは、その内容に応じて厳しく刑事責任を追及されることになっているのです（第四八条〜五一条）。いわば「中国版特定秘密保護法」なのです。いや、こちらの法律制定の方が早いから、安倍政権の特定秘密保護法を「日本版国家保密法」というべきなのかもしれません。

この法律に基づいて中国には国家保密局が設置されて専門の職員が配置され、日夜、「国家秘密」の保守と警戒に当たっています。しかも困ったことに「国家秘密」の範囲は時の政権の判断にしたがって恣意的に変更され、前例はあてになりません。安倍政権にとっては羨ましい限りの模範になるのではないでしょうか。

大陸の文書も含め公開が進展――台湾

台湾には大別して三つの系列の公文書が存在しており、それぞれについて保管と公開の体制が整えられています。一つ目は国民党政権が中国大陸から運び込んだ中華民国政府の公文書と清朝の宮廷文書であり、二つ目は日本の植民地支配期の公文書、そして三つ目は国民党政権が台湾に移ってきてから現在にいたるまでの台湾統治に関わる公文書群です。

最初に挙げたものは、本来、国民党政権の統治の正統性を継承すべく搬入・保管されてきたものですが、現在では、いわば台湾の中国アイデンティティを支える拠《よ》りどころにもされる重要な文書群になっています。

現在は台北の総統府のすぐ裏手に建つ国史館が中華民国政府の公文書の主たる管理機関であり（台湾での創設は一九五七年で、文書の保管場所は郊外の新店に設置されている）、長期政権与党であった国民党の文書は党史委員会の管理下に、清朝と中華民国の外交文書や経済関係文書の一部については中央研究院近代史研究所の檔案館に、また清朝の宮廷文書については故宮博物院（台北）に保管され、それぞれ内外の研究者に公開されています。

二番目に挙げた日本の植民地支配期の文書群は、かつて台中の台湾省文献委員会の管理下に置かれていた旧総督府文書であり、現在は国史館台湾文献館に保管されています。一八九五年から一九四五年までに及んだ日本統治時代の膨大な量の行政文書が系統的に保管され、日本による植民地支配の実態解明にとって意味があるだけではなく、この時期の台湾社会・台湾経済の変容過程を探る上でも不可欠の重要な存在なのです。こちらの方は、いわば台湾アイデンティティに連なる文書群だともいえるでしょう。

そして最後に挙げた現在の台湾政府の公文書は、一九九九年に公布され二〇〇二年から施行された国家檔案法により、基本的に檔案管理局が管理しています。細かくいえば、外交部や軍政部など政府の各省庁の中にも独自の公文書館を持っているところがあり、研究者がその公文書を閲覧することも可能です。

公文書は、永久保存の国家檔案と暫定保存の機関檔案に分類され、前者は檔案管理局で、後者は各官庁で管理されています。この区別をするのは個々の官庁ですが、各官庁における暫定保存の年限は檔案管理局が原案を作り行政院（日本の内閣に相当）が最終決定を行うことになっており、機関檔案を各官庁が自由に廃棄することは許されていません。公文書管理の原則が、明確に規定されたものといえるでしょう。

台湾社会は、さまざまな領域の公文書の管理と情報公開の制度整備に向け、活発な動きを見せています。

イギリスの公文書館の伝統を継承――香港

中国に数ある公文書館の中でも際だった存在が、たぶん香港の檔案館でしょう。元来はイギリス植民地時代に香港政庁の一部局として設置されていた公文書館（Public Record Office）であり、一九九七年に中国の主権が回復されてからは香港特別行政区の行政機構に編入されています。周知のように香港は市場経済の下で自由な経済活動ができることを標榜《ひょうぼう》してきた都市であり、社会経済面において政府が果たしてきた役割はそれほど大きなものではありませんでした。また植民地であったため、外交や軍事など主に本国の政策決定に関わる領域に関しては、香港檔案館の所蔵文書に多くを期待することはできません。しかし二度の限られた訪問で受けた印象ではありますが、イギリスの公文書館行政のシステムが採用されていたこともあり、一九世紀以来の重要な文書が相当系統的に整理保管されてきています。

3　独立を記録するアジアの公文書館

欧米や中国の公文書館の充実ぶりを見てくると、日本の公文書館行政の立ち遅れがひしひしと伝わってきます。では、日本は、他のアジア諸国に比べれば進んでいるかというと、実はそうでもない。いや、はっきりいえば、他のアジア諸国の中にも、日本よりよほど充実した公文書館行政を進めている国々があり、日本は公文書管理の面では、アジアの中でも最も立ち遅れている国の一つなのです。

第二次世界大戦後に国づくりを進めた多くのアジア諸国は、植民地時代を含む過去から現在までの行政文書を集め、公文書館で系統的に整理公開していく作業を、自らの独立の拠って立つ基盤を明らかにするための極めて重要な課題として位置づけてきたのです。

王朝時代・植民地期・建国以降の三種の公文書——韓国

韓国も三つの系列の公文書群を抱えています。一つは朝鮮王朝の文書で、元来は王宮の一角に建つ奎章閣《けいしょうかく》に保管されていました。現在はソウル大学構内に博物館機能も備えた同名の巨大なビルが建設され、李朝朝鮮時代の文書の保管整理と公開展示に当たっています。

一方、それとは別に、一九六九年に韓国政府総務処に属する政府記録保存所が開設され、植民地時代の旧朝鮮総督府文書と現在の韓国政府の文書とを系統的に整理保管する体制が整備されるようになりました。大田《テジョン》に本部（本所）、釜山《プサン》に分館（支所）、ソウルに事務所を置く政府記録保存所は、一九九八年に行政機構の改編にともない行政自治部の管轄下に入っています。その頃、ソウルの事務所を訪れたことがありますが、閲覧者の便宜を図るため、日本語で書かれた旧朝鮮総督府文書もハングルで検索できるようになっており、植民地時代の情報の整理と公開にかける並々ならぬ熱意を感じさせられました。一九九九年に公共機関記録物管理法が公布された後、公文書の選別と管理の体制も一新され、二〇〇四年、国家記録院と改称され、組織拡充を経て現在にいたっています。国家記録院には文書管理の専門家を含め三百二十四人のスタッフが揃《そろ》い、明知大学など全国二二の大学院の情報学科などに専門家養成課程が設置されています（二〇一三年現在）。

職員数は日本の六倍——ベトナム

一九四五年に独立を宣言したベトナムは、フランスの植民地時代の文書とそれ以前のベトナム王朝時代の文書を含め、多様な文書群を保有しています。

ハノイには、フランス植民地時代のハノイ中央文書館を前身とする第一国立公文書センターが一九六三年に開設されており、グェン王朝文書史料（一八〇二〜一九四五年）、フランス総督府文書史料などを保管しています。

それに対し、一九四五年以降の南ベトナム関係資料（ベトナム共和国政府、暫定革命政府、解放民族戦線関係機関などを含むもの）と南北が統一された一九七六年以降の南部地域の公文書を保管しているのがホーチミン市にある第二国立公文書センター、そして一九四五年以降の北ベトナム関係資料と一九七六年以降の北部地域の公文書を保管しているのがハノイにある第三国立公文書センターです。

二〇〇六年末の段階で、以上の三館に働く職員総数は約二百七十人に達し、日本の国立公文書館の四十二人の六倍以上でした。日本の公文書館関係者が訪問した折、その数字の対比を聞いたベトナム側は「非常に驚いていた」といいます。さもありなん、というほかありません。

ただしベトナムの公文書館の場合、完全に一般に公開されているわけではなく、たとえベトナム史の専門的な研究者であっても、事前に利用許可を申請し何日もの審査を受けなければなりません。特に現政権の下の公文書や共産党関係の文書を保管している第三国立公文書センターは制約が厳しいようです。

独立直後に公文書館を開設した東南アジア

ベトナムの第一国立公文書センターの一九六三年開設というのは、日本の国立公文書館設立より八年早いことになります。しかし実は他の東南アジア諸国の公文書館は、それよりもっと前に設立されました。一九四五年に独立を宣言したインドネシアは、一九五〇年にインドネシア国立公文書館を設け、オランダの植民地時代の文書を継承しつつ、自らの公文書の整理保管業務も開始しているのです。一九五七年に独立したマレーシアは、同じ一九五七年に国立公文書館を開設し、一五世紀のマラッカ王朝以来の文書を保管する体制を整えました。東南アジア諸国の中では唯一独立を維持したことで知られるタイの場合、一九五二年に国立公文書館を開設し政府文書、国王文書などを保管してきました。さらに一九六五年に独立したシンガポールは、独立の三年後の一九六八年に国立公文書館を設け、一九〇五年以降の海峡植民地時代からの文書を保管しているのです。

このように東南アジア諸国の場合、自らの主権国家としての誇りをかけ、植民地時代の統治の記録を保存すると共に、独立以降の公文書を系統的に整理保管することに力を注いできました。その反面、そうした公文書類の一般に対する開放の程度は、国によっても、また当該文書が作成された時代や文書自体の内容によっても異なり、現政権の政策評価に直結するようなものは、あまり自由に利用できない、という場合が多いように思われます。

4　立ち遅れた日本

日本の立ち遅れの歴史的背景

欧米、中国、アジア諸国の公文書館と比較し、日本の公文書館行政と施設整備の立ち遅れは一目瞭然《りょうぜん》です（一五〇～一五一ページの表3参照）。公文書館が設立された時期も遅く、規模も著しく小さい。そして本章で試みたように子細に検討していくと、そうした立ち遅れが生まれた歴史的背景にも思いを致さざるを得ないのです。

欧米諸国の場合、フランスやイギリスの例からも知られるように、市民革命によって近代国家が誕生し、選挙権の拡大を通じ民衆が政治に参加する時代が始まったことが、公文書館設立の歴史的な契機になっています。新たに成立した近代国家は、法令と政策文書を系統的に保管し、それを民衆が参照できるように公開する場を設けなければならなかったからです。情報の公開と公文書館の設立整備が、いわばセットになって進められてきたのです。図書館、博物館、文書館の整備は、近代国家に必須の条件とされました。

中国にとっても上記の事情は共通します。しかし、ある意味ではそれ以上に重みを持っていた歴史的要因の一つが、統治の記録の保存に責任を負うという伝統的な専制王朝の統治原理でした。そのため、膨大な量の公文書が残されてきた反面、その情報を研究者も含

2014年5月

フランス	ドイツ	韓国
1790年	1919年	1969年
文化通信省の 全国管轄部局	連邦首相府 文化・メディア大臣	安全行政部
文化遺産法 (2004)	連邦公文書保存利用法 (1988)	公共記録物管理法 (2006)
570人	**790人**	**340人**
国立公文書館 (パリ、フォンテーヌブロー、 ピエールフィットシュルセーヌ) **187,000m²** 国立海外文書館 (エクサンプロバンス) **11,140m²** 国立労働文書館(ルーベ) **12,800m²**	コブレンツ本館 **118,000m²** ベルリン本館、 軍事公文書館 (フライブルグ)、 映画資料館(ベルリン) ほか、全9施設。	本部 (テジョン 政府合同庁舎内) **13,000m²** 支所(プサン) **21,670m²** 新館(ソンナム) **62,240m²** 閲覧事務所(ソウル)
・政府機関公文書 (外務省、国防省の 文書を除く) ・裁判所記録 ・公証人記録 ・私文書/企業文書 ・植民地資料	・政府機関公文書 ・立法機関記録 ・裁判所記録 ・国家的に重要な個人・ 政党・団体等の記録 ・映画フィルム	・政府機関公文書 ・大統領記録 ・土地台帳 ・国家行事の映像 ・記念切手、絵葉書 ・地図/建築図面
380km	**300km**	**177km**

国立公文書館の機能・施設の在り方等に関する調査検討会議、第1回資料3 (その4)、2014年5月16日 (http://www8.cao.go.jp/chosei/koubun/kentou/20140516/siryou3-4.pdf) より

表3　諸外国の国立公文書館の比較

	日本	アメリカ(NARA)	イギリス(TNA)
設立年	1971年	1934年	1838年
所管機関	内閣府所管独立行政法人	独立機関	法務省所管政府機関兼エグゼクティブ・エージェンシー
法令	国立公文書館法(1999) 公文書管理法(2009)	連邦記録法等	公記録法(1958)
職員数	**47人(定員数)**	**2,720人**	**600人**
施設総床面積	本館(千代田区) **11,550m²** 分館(つくば) **11,250m²** アジア歴史資料センター(文京区) **368m²**	本館(ワシントンDC) **130,000m²** 新館(メリーランド州) **167,200m²** 14の地域分館、17のレコードセンター13の大統領図書館	本館(ロンドン郊外) **65,200m²** ※スコットランド、北アイルランドは別組織
主な収集資料	・政府機関公文書(外務省、宮内庁等の文書を除く) ・司法文書 ・法人文書 ・寄贈寄託文書	・連邦政府機関公文書 ・連邦議会記録 ・裁判所記録 ・大統領記録 ・航空写真 ・地図/建築図面 ・音声/映像記録 ・映画フィルム	・連邦、イングランド、ウェールズ各政府機関の公文書 ・王室記録 ・一部裁判所記録 ・私文書
所蔵量	**59km**	**1,400km**	**200km**

めた一般市民に対して公開するという姿勢は、特に現代の記録に近づくほど微弱になる傾向を帯びることになります。そのようななかで台湾や香港の公文書館が見せている資料公開の態度は注目に値します。

一方、アジア諸国の公文書館の場合、独立直後から植民地時代の記録を保存すると共に、独立以降の公文書を系統的に整理保管することを重視してきました。そこには、自らの国づくりの基礎を明確にする意味が込められていたといえましょう。したがって多かれ少なかれ、独立によって樹立された現在の国家体制の意向が強く反映されており、国民の知る権利を保障するという情報公開の思想が必ずしも十分に生かされていない場合も見られます。

このように見た時、欧米諸国で勃発したような市民革命も、アジア諸国で展開されたような独立運動も経験せず、中国のような専制王朝の伝統もなかった近現代の日本において、公文書館を設立し整備するという事業が著しく立ち遅れてしまったのは、ある意味では、避けがたいことだったかもしれません。

近代日本でも、例えば岩倉遣欧使節団がイタリアなどで公文書館を見学したことは記録に残っています。[*1] ところが、こうした制度を知っていたにもかかわらず、取り入れなかったのです。しかし、日本が現代世界の中で信頼される国家として自らを律していくためには、情報公開と公文書管理に力を入れることが不可欠の課題になっています。

実は、そのようにして見た時、日本にも世界に対して誇るに足る存在があります。それが以下に紹介するアジア歴史資料センターです。

アジア歴史資料センター

一九九四年八月三一日、当時の村山富市首相が発表した談話の中で「侵略行為や植民地支配」に対し「深い反省」を表明し、平和友好交流計画を提示した際、アジア歴史資料センターの設立計画にも言及がありました。同年一一月末に発足した有識者会議が、翌一九九五年六月に「アジア歴史資料センターの設立について」という提言を発表した後、種々の曲折を経ながらも、二〇〇一年一一月三〇日、ようやく発足にこぎつけたのが、このアジア歴史資料センターです。

「近現代の日本とアジア近隣諸国等との関係に関わる歴史資料として重要な日本の公文書

及びその他の記録（アジア歴史資料）」を対象とし、国の機関が保管するアジア歴史資料をデータベース化し、インターネットを通じて提供する電子資料センターというのが、このアジア歴史資料センターであり、国立公文書館が所管しています。閲覧可能な史料は、国立公文書館、外務省外交史料館、防衛省防衛研究所図書館が保管するアジア歴史資料のうち、デジタル化が行われたものであり、世界中どこからでも無料で自由にアクセスできる点が、非常に大きな特徴です。

新しい史料を収集整理する体制を備えておらず、既存公開史料の利用促進にとどまらざるを得ないのが大きな限界とされます。にもかかわらず、このセンターが情報の公開に力を注いでいる点は、中国を含む世界各国の研究者によって高く評価されているのです。

第五章　特定秘密保護法と公文書管理

瀬畑 源

1　特定秘密のコントロール

特定秘密保護法

二〇一一年になってやっと公文書管理法が施行され、日本の公文書管理制度の整備が大きく進みました。しかし、その定着すらまだ危ういなかで、二〇一三年に特定秘密保護法が制定されたのです。

特定秘密保護法は、「我が国の安全保障に関する情報」のうち特に秘匿すべき情報を保護するための法律です。関係情報を「非公開」にするだけでなく、その漏洩には最高で懲役一〇年という非常に重い刑事罰が科されることになりました。

特定秘密に指定できるのは、①防衛、②外交、③特定有害活動（スパイ行為等）防止、④テロ防止、の四つの項目になります。

ただしこれらは、今までも情報公開法に基づいて公開請求しても非開示となっていたものであり、この法律ができたから見られなくなるというものではありません。その意味では、これらの情報に対する「知る権利」は、もともと大幅に制限をされているのです。

よって、「漏洩防止」がこの法律の最大の狙いということになるでしょう。

「それならば全然問題ないのでは？」と考えた人もいるかもしれません。「日本はスパイ天国だからこういう法律は必要！」という主張もよく耳にします。ちなみに自民党がスパイ防止法案を計画し始めた一九八〇年にもこの言葉は使われていましたが、それから三十数年の間、日本の安全保障にどのような支障があったのかについて、政府の説明を聞いている限りはよく分かりません。

ですが、「秘密保護は必要」という考えに賛成であったとしても、「政府が自由に秘密指定をする」ことを容認することとの間には大きな懸隔があります。

秘密と情報公開のバランス

特定秘密保護法に反対する人たちの中には「秘密はそもそも不要」であるという主張をされる方もいます。しかし、国家における秘密指定制度は必要悪です。私は歴史研究者として、日本や他国の歴史的公文書を見る機会がありますが、「秘密」のハンコを押した文書をよく見ており、秘密指定制度が存在しない国はおそらくないでしょう。

本来、秘密指定制度というものは「アクセス制限」のことです。情報には軽重があり、必要最小限の範囲の人にしか見せてはならないようなものは存在します。例えば防衛省で、最新兵器に関する情報が、省内の誰でもアクセス可能であったら、当然それはおかしいわけです。

ですが、情報公開や説明責任が当たり前の時代になってくると、そのアクセス制限を国民にも適用するのかという問題が浮上してくることになります。

基本的に政治家や官僚は、重要な情報を自分たちだけで独占したがります。そのため、情報公開を求める運動が盛んとなっていった経緯があるのです。

秘密と情報公開のバランスは、どの国でも常に綱引きが行われており、政権交代によって方針が変わることもあります。

米国では大統領が替わるごとに、秘密保護と情報公開のバランスが揺れており、例えばブッシュ（ジュニア）政権の時には秘密保護に力点が置かれましたが、オバマ政権になると情報公開に力点が置かれるようになっています。

ツワネ原則

特定秘密保護法案をめぐる議論の中で話題になった「ツワネ原則」（国家安全保障と情報への権利に関する国際原則）は、まさにこのバランスをどうやってとるかということを、世界の叡智《えいち》を集めて考え抜いた結果、作られた文書です。*1 オープン・ソサエティ・ジャスティス・イニシアティブが呼びかけ、国際連合、米州機構などの特別報告者を含む世界七〇カ国以上からの五百人以上の専門家の協議を経て、二〇一三年六月一二日に発表されました。

安倍首相などは、このツワネ原則を「私的機関」が発表したものとして、これを軽視する発言を繰り返していましたが、最新の研究成果とは、当然に過去の制度の欠陥を踏まえて作られるものです。ツワネ原則を読むと、国家秘密の存在は否定しないが、秘密指定に厳密な縛りをかけ、国民のアクセス権を最大に認めようとする内容です。それを参考にしないという姿勢は、そこに「最新の研究成果を反映したくない」理由があると考えるのが自然でしょう。

現在の世界の最新の傾向を踏まえれば、秘密保護と情報公開のバランスをとるためには、

①秘密はあくまで「例外」として最小限に絞り、それ以外の情報は積極的に公開する

②秘密に指定した文書は、指定が不要になった時にはそれを解除し、検証に資するために公開する

ということが望まれます。これを踏まえて、秘密の指定や解除の方法、独立した監視機関をどうするかなどが議論される必要があります。

では、日本の特定秘密保護法においては、このバランスはどのようになっているのでしょうか。

監視機関なき特定秘密の指定

まず①について。特定秘密を指定できるのは「行政機関の長」です。いわゆる各省庁の

大臣や長官の権限で決めることができます。実際に各大臣がいちいち指定するわけではありませんから、実質的には実務に携わる官僚たちが指定していくことになるでしょう。

もちろん、特定秘密制度を作った以上、第一義的にその行政機関が指定の判断をすることになるのは当然です。ですが、秘密は基本的には際限なく広がるもの。元外務官僚の佐藤優《まさる》は、官僚は自分の取ってきた情報を重要だと見せるために、秘密度を高く設定しがちであると指摘しています。[*2]

なお、そもそも、秘密を過剰に指定したからといって処分されることはありませんが、重要文書を秘密指定し忘れた場合は処分の対象となるでしょう。そうなれば、必然的に秘密は過剰に設定されることになります。

よって、秘密を最小限にコントロールするための監視機関の存在が重要ということになります。しかし、特定秘密保護法には監視機関についてきちんと定めた条文が存在していないのです。

特定秘密の指定や解除、特定秘密の取扱いの業務を行う者の適性評価の実施の統一基準を作るために、有識者会議（情報保全諮問《しもん》会議）から意見を聴かなければならないということは第一八条に書かれているのですが、あくまでも基準を定める際に意見を聴くに過ぎません。また、毎年、指定や解除、適性評価の実施状況を有識者会議に報告して意見を聴くことになっているのですが、その内容に問題があった場合の調査権限は法律には書かれておらず、ただ単に報告を聴くだけに過ぎないのです。

また、法案成立の直前に安倍首相から「監視機関」として提案のあった、内閣官房に設置される情報保全監視委員会や情報保全監察室なども、秘密指定がきちんとなされているかのチェックを行うための監視機能が中心であるように見え、むしろ秘密の指定漏れがないかを監視する内部統制機関であると言えましょう。

谷垣禎一《さだかず》議員のスパイ防止法案批判

秘密指定制度において日本よりも制度設計が進んでいる米国では、過剰秘密が非常に大きな問題となっています。秘密が際限なく増えるので、本当に重要な情報がどれか分からなくなっており、秘密を見られる権限を持つ人を増やさざるを得なくなって漏洩が起きやすくなっているのです。

二〇一三年に米国の秘密文書を大量に暴露したエドワード・スノーデンは、国家安全保障局（NSA）が契約していた民間会社の社員です。そのような人物に最高機密文書を扱わせないと、仕事が回らなくなっているのです。そのため米国では、独立性の高い監視機関を用いて秘密を減らすということが重要視されています。

後から制度を作ろうとしているのですから、日本もそれを参考にすればよいのですが、そういった過剰秘密対策が考えられているようには見えません。安倍首相は米国の監視制度を参考にしたと話しているのですが、きちんと意味を理解できているようには見えません。むしろ日本では、今から際限なく秘密を増やそうとしているかのようです。

よって、少なくとも①「秘密はあくまで『例外』として最小限に絞り、それ以外の情報は積極的に公開する」については、特定秘密保護法が保障しているとは言えないでしょう。

なお、特定秘密保護法案を審議していた際の法務大臣であった谷垣禎一は、かつて自民党が特定秘密保護法と同じような内容のスパイ防止法案を提出した際、次のような批判を『中央公論』の一九八七年四月号にて行いました。非常に示唆に富む文章なので、やや長くなりますが引用してみます。

わが国は、自由と民主主義の下で、今日の繁栄を築いてきた。今後も自由と民主主義を国政運営の柱としなければならないというのは、日本国民の揺るぎなき信念であろう。このような国家体制を前提とする限り、国政に関する情報は、主権者たる国民に対し基本的に開かれていなければならない。国民が、国政に関する情報にアクセスすることは自由であるのが原則なのだ。そして、この国政に関する情報に、防衛情報が含まれることも論を俟《ま》たない。〔中略〕

しかし例外のない原則はない。情報のうちには公開することが却《かえ》って国民の権利を侵害する結果になるものがある。国家の平和と安全に係《かか》わる防衛秘密はまさにそのようなものである。しかし、これはあくまで原則に対する例外であるから、なんでも秘密だというのでは、自由の原則が崩れてしまう。例外の認定は限定的でなければならないのだ。まして刑罰で秘密を守ろうという場合は、よくよく絞りをかけておかないと、人の活動をいたずらに萎縮させることになりかねない。*3（傍線筆者）

谷垣は、国際情勢について的確な情報を国民に伝え、事実に即した議論を積み上げていくことによって、国民の防衛に対する理解を深めることができるとも主張しています。今でも十分に首肯できる内容ではないでしょうか。

谷垣は特定秘密保護法案の審議の中で、この文章に書いた内容について質問を浴びており、当時とは異なり、情報公開法や公文書管理法があることや、特定秘密保護法案は犯罪となる構成要件に縛りがかかっているからとして賛成しました。本音のところはどうだったのでしょうか。

秘密の指定の期間

次に②「秘密に指定した文書は、指定が不要になった時にはそれを解除し、検証に資するために公開する」について。特定秘密は五年以内の有効期間が設定され、三〇年まで延長可能です。三〇年を超える場合は、「内閣の承認を得た場合」（閣議決定）に最大で六〇年まで延ばすことができます。また、暗号などの一部の情報はそれ以上延ばすことも可能となっています。

最大六〇年や暗号などをそれ以上延ばせるという部分は、自民党と日本維新の会との修正協議で合意された部分です。維新の会はこれによって年数に歯止めをかけられたと考えたわけですが、私はこの報道を見た時、公文書管理制度を理解できていないから「良くなった」と勘違いしたのではないかと思いました。

そもそも、各行政機関の長が「特定秘密」を指定し、かつ監視機関が強力でなければ、必然的に「期間を延ばせるだけ延ばす」という心理が働きます。すでに述べたように、秘密を指定することは処分の対象にはなりませんが、解除すべきでないものを解除すれば処分の対象となるでしょう。

なお、「内閣の承認」が得られればとはなっていますが、閣議で大臣たちがいちいち文書を精査してチェックすることは、時間的にも能力的にも不可能ですから、リストが提出されて、それを無条件で承認することになるのは目に見えているのです。

よって、むしろ「六〇年まではＯＫ」とばかりに秘密指定を延長するインセンティブが働く可能性が高いです。さらに六〇年以上に設定できる情報も相当に範囲が広く、永久に指定し続ける可能性もありうるでしょう。年数に歯止めをかけるのなら、「原則最長三〇年＋必要なもののみをさらに三〇年まで」とすれば、まだ話は分からなくはないのですが。

では、なぜこういう「勘違い」が起きるのか。それは、「特定秘密解除」＝「公開」と誤解されているからではないでしょうか。

第三章ですでに論じたように、たとえ国立公文書館等に移管されたとしても、そこでさらに公開審査が行われるのであり、即公開ということにはなりません。専門家によって公開してよいか否かの判断がなされるのです。ですから、本来なら、特定秘密の指定を三〇年で原則解除して、国立公文書館等に移管をするのがあるべき姿なのです。もしくは、国立公文書館等の職員も適性検査を受けさせ、特定秘密のまま移管し、その解除は国立公文書館等の側に検討させるという仕組みがあってもよいのです。

そうした仕組みが必要な理由は、各行政機関が公開・非公開を判断するのではなく、そこから切り離された機関が客観的に判断できるようにするためです。また、各行政機関では古い文書は倉庫に山積みにされ、何が重要なのか分からなくなっていることが多く、紛失や誤廃棄などが起きやすいのです。国立公文書館等では、文書がカビたりしないように、温湿度の管理などをしっかりと行っていますが、各行政機関ではそこまで保存方法をセンシティブに考えてはいないので、文書が劣化してしまって読めなくなる恐れがあります。例えば、一九八〇年代~九〇年代にかけてワープロなどでよく使われた感熱紙は、扱いがずさんだと色が飛んでしまい、文章が読めなくなってしまうのです。

本来ならば、専門的な知識を持つ国立公文書館等できちんと保存され、専門家の判断で公開・非公開を決めるような制度設計が必要なのです。しかし、そういった発想がこの法律には欠けています。

国立公文書館は独立行政法人であり、人員も少ないという「弱小」機関ですので、各行政機関は国立公文書館を信用していないと思われ、そのために「自分たちで特定秘密を抱え込む」という選択をしたがっているのです。それに維新の会は乗っかってしまったのです。国立公文書館の強化こそ先に必要なことだったのではないでしょうか。官僚の思うつぼにはまった、とでも言えそうな状況です。

よって、他機関の目が届かない所で闇に葬られないか、誤廃棄や紛失などが起きないかが非常に心配され、②についても、保障しているとは言い難いでしょう。

2　特定秘密保護法と公文書管理法

あいまいなままの公文書管理法との関係

特定秘密保護法案が審議されていた当初の頃は、「特定秘密が解除された後に公文書管理法が適用される」というニュアンスの説明を政府はしていました。しかし、当然のごとくに公文書管理法との関係を各党から細かく追及された結果、一一月の半ばぐらいからは「特定秘密に公文書管理法は適用される」という答弁へと変わっていきました。恣意的な運用への危惧を少しでも抑えるためには、公文書管理法が適用されると言わざるを得ないところに追い込まれたということでしょう。

よって、この時点からは、どのようにして公文書管理法との整合性をとるのかという点が問題として浮上しなければなりませんでした。しかし、法案の審議では、保存期間満了後の移管・廃棄問題に論点が集約されてしまい、他の条文との関係はあまり詰められなかったのです。

公文書管理法が適用される以上、文書の作成義務や行政文書ファイル管理簿への登載、レコードスケジュールの設定、内閣総理大臣への毎年の報告義務などが関わってきます。

例えば、特定秘密に関しては、特定秘密保護法において、毎年の内閣総理大臣の有識者会議への運用状況の報告義務や意見聴取が定められ、問題のある時には内閣総理大臣は各行政機関へ資料の提出などを求めることができるようになっています（第一八条第三、四項）。だが同様の義務や権限は公文書管理法にも設定されており、さらに内閣府や国立公文書館などの職員による実地調査も可能となっています（第九条）。政府は特定秘密については公文書管理法よりも特定秘密保護法の規定を優先するつもりなのでしょうが、どのように法的に区分けができているのかは見えてきません。

また、特定秘密も「行政文書」ですので、行政文書ファイル管理簿にファイル名が登載されます。ただし、特定秘密を扱うための適性評価を通った人しかファイル名が見られないようにアクセス制限がかかるでしょう。

一方、特定秘密の管理をするために、「特定秘密指定管理簿」という特定秘密専用の管理簿が作られる予定です（特定秘密保護法施行令案）。そして、特定秘密に関わる情報（特定秘密に指定した年月日や有効期間など）は特定秘密指定管理簿に記載されることになります。つまり、「二重帳簿」を作って、特定秘密の管理をこちらでするつもりなのです。

このような方法を採られると、特定秘密を解除されて行政文書ファイル管理簿でファイル名が見られるようになったとしても、以前に特定秘密であったかどうかの情報が記載されていないので、どれが解除された文書なのかを探すことはできません。「特定秘密」に指定されたことを検証しようとしても、どれが特定秘密であったかが国民からは分からないので、検証の道が閉ざされています。

これは、国民に対する説明責任を保障する公文書管理法の趣旨に、明らかに反した行為です。少なくとも、行政文書ファイル管理簿に特定秘密であった期間を記載するなど、その文書が以前に特定秘密だったことが明示されることが必要ですが、それが検討されているようには今のところ見えません。

日本においては、公文書管理法ですらやっと二〇一一年から施行された状況であり、公文書管理がずさんであることが長年続いていました。まずは、公文書の管理をしっかりと徹底することが必要です。ですが、特定秘密保護法はその点に目をつぶり、とにかく公文書管理制度の上からバサッと「漏洩防止」の網をかけようとしたように見えます。こんなありさまでは「特定秘密の保護」をまともにできるような体制であるのかすら、はなはだ疑問であると言わざるを得ません。

国立公文書館等へ移管される保証

公文書管理法との関係で最も注目を浴びたのは、「特定秘密を解除された後にすべてが国立公文書館等に移管されるのか」という点です。特定秘密に公文書管理法が適用されている以上、国立公文書館等で永久に保存するか、廃棄するかは公文書管理法の手続きに則って行われる必要があります。つまり、廃棄をするためには、内閣総理大臣の同意が必要なのです。

ちなみに、この廃棄の承認も「内閣総理大臣の同意で捨てられる以上、恣意的に運用される」と批判する方もいます。ですが、この廃棄の審査には国立公文書館の専門家も関わっており、その批判はさすがに実態を無視しすぎでしょう。

そもそも、個々の特定秘密を廃棄するか否かについて、いちいち内閣総理大臣が介入してくるというのは想定しがたいし、そんな暇もないでしょう。むしろ、内閣総理大臣の介入よりは、各行政機関が他の文書に混ぜて特定秘密を廃棄しようとすることを警戒すべきです。先述した通り、審査に関わっている職員数が少なすぎることもあるので、特定秘密をきちんと残させるためには、審査体制の充実化を強く求めることが必要だと思われます。

なお、安倍首相は国会答弁で、三〇年という長期にわたって指定が継続してきた文書は、重要な歴史公文書等に該当するから国立公文書館等に移管されるように運用基準に明記するとしています。また、三〇年未満のものについても、森まさこ担当大臣は「特定秘密とされていたその歴史資料としての価値を踏まえ」て、国立公文書館等に移管されるルール作りを検討したいと国会で答弁しています。

よって、カギとなるのは、その「運用基準」です。例えば、特定秘密をあらかじめ解除した上で、他の文書のリストに混ぜて廃棄しようとするケースは起こりえます。二〇〇九年から政府が外交や安全保障関係の重要情報に適用している「特別管理秘密」は、文書が廃棄される際に他と同様にチェックを受けますが、リストにその文書が特別管理秘密であったことが記載されていないため、重点的な審査を行えていないのです。これを踏まえれば、たとえ特定秘密を外された文書であっても、廃棄リストに以前に特定秘密であったことが分かるように記載させることが必要でしょう。

また、こういったルールが徹底されているか分かるように、廃棄リストのチェックをする担当者が、各行政機関の行政文書ファイル管理簿の全データに常にアクセスできるようにしておき、廃棄リストとの突き合わせが行えるような仕組みも必要です。そのためにも、審査に携わっている国立公文書館の機能強化が絶対に必要なのです。

ただ、今のところ示されている内閣官房が作成した運用基準案（特定秘密の指定及びその解除並びに適性評価の実施に関し統一的な運用を図るための基準（仮称）（案））を見ていても、あまりそういった配慮がなされているように見えないのは残念でなりません。

防衛秘密のゆくえ

なお、特定秘密保護法の制定によって、これまですべて廃棄をされていた「防衛秘密」が、国立公文書館に移管される可能性が高くなったことは評価できるでしょう。

なお、「特定秘密」制度ができる以前から、秘密漏洩への厳罰化は「特別防衛秘密」と「防衛秘密」の二つの制度によってすでに行われていました。

「特別防衛秘密」は米軍から供与された兵器に関する情報に適用されます。「文書」だけでなく「図画又は物件」にも適用されるため、事実上情報そのものの漏洩に対する罰則となっています。これは一九五四（昭和二九）年に自衛隊が発足する際に米国と結んだ「日米相互防衛援助協定」（MSA協定）に基づくものです。罰則は特定秘密保護法と同レベルの一〇年以下の懲役などが定められています。すでに六〇年も前にこういった秘密保護法制が定められていたことは、もっと注目されてよいでしょう。

「防衛秘密」は二〇〇一年に起きた九・一一事件にともなって制定されたテロ対策特別措置法の一環として作られたものです。自衛隊法改正によって、自衛隊の運用やそれに関する計画などが「防衛秘密」として指定できるようになり、漏洩への罰則として五年以下の懲役などが定められました。今回の特定秘密保護法の別表の一に当たる部分は、この自衛隊法の別表第四をほぼそのままコピーしたものです。

なお、特定秘密保護法案の審議の中で、この「防衛秘密」が、保存期間満了と共にすべて廃棄されていたことが発覚しました。二〇〇七年から一二年までの間に約四万二一〇〇件の防衛秘密が廃棄されていたのです（国立公文書館等への移管はゼロ）。特に問題になるのは二〇一一年以降についてです。公文書管理法が制定されていたにもかかわらず、内閣総理大臣の同意を得ずに廃棄していたのです。

これにはカラクリがありました。防衛省は公文書管理法第三条の「他の法律又はこれに基づく命令に特別の定めがある場合」は適用外にできるという点に目を付けました。本来この条文は、刑事訴訟記録のような別の法律で管理方法が定められているものに適用されるために存在したものです。それを防衛省は、自衛隊法に基づくからといって、「防衛秘密」を公文書管理法の適用外にしていたのです。そのため、自分たちの都合で勝手に廃棄を続けたのです。

特定秘密には防衛秘密が含まれます（特別防衛秘密が含まれないのは注意）。よって、防衛秘密にも公文書管理法が適用されることになります。ですので、廃棄の時に内閣総理大臣の同意が必要となります。すでに述べたように、長期にわたり特定秘密に指定されていた文書は、国立公文書館等へ移管されることになるので、少なくとも今の「全廃棄」よりはきちんと文書が残るようになると思われます。

ちなみに安倍首相は、この文書廃棄の該当期間のほとんどが民主党政権であったことを鬼の首を取ったかのように答弁していたのですが、ただ単に防衛秘密制度が始まったのが二〇〇二年であり、五年保存の文書廃棄が二〇〇七年から始まっただけに過ぎません。防衛秘密に当たる自衛隊の運用などに関する文書が、それ以前に国立公文書館に移管されたなどという話は聞いたことがありません。要するに自民党長期政権時代から粛々と捨てられてきた慣習が続いていただけで、自民党自身の責任が大きいのは言うまでもありません。民主党に問題があるとすれば、その慣習に気づけなかったということに過ぎないといえます。

特定秘密を捨てる?

なお、一つ注意しておく必要があるのは、政府が「特定秘密」を解除しないまま廃棄する条文を、特定秘密保護法の施行令に入れてくる可能性があるということです。民主党の長妻昭衆議院議員の質問主意書への答弁の中で、安倍首相は「秘密の保全上真にやむを得ない場合の措置として保存期間前の廃棄を定めることは否定されない」と回答しているのです。[*4]

そして、特定秘密保護法施行令案には、「特定秘密文書等の奪取その他特定秘密の漏えいのおそれがある緊急の事態に際し、その漏えいを防止するため他に適当な手段がないと認められる場合」は廃棄することができるという条文が入りました（第一二条第一項第一〇号）。もちろん、集団的自衛権が限定的だとしても、容認された以上、海外でこういった緊急の事態が起きる可能性は高まるでしょう。しかし、この「緊急の事態」がどのようなものであるのかは、内閣官房が作成した運用基準案には記載が一切ありません。「緊急の事態」の限定をきちんとしなければ、「スパイに狙われるおそれがある」といって勝手に特定秘密を廃棄する行政機関が出ないとも限りません。ここはきちんと限定がなされるべきだと思います。

なお、先述したように防衛省は、今までこっそり廃棄していた防衛秘密に当たる文書を、国立公文書館に移管せざるを得なくなっています。また、これまで国立公文書館にまともに文書を移管してこなかった公安関係の文書も、同様に移管措置がとられるでしょう。例えば、公安調査庁が作成した文書は、三九件しか移管されていません。おそらく法務省あたりの文書に混ざっていただけだと思われるので、実質はゼロです。よって、彼らは「これまで通り闇に葬れるなら葬りたい」と思っている可能性は高いです。そのため、特定秘密の期間中に廃棄を可能とするような条文を、各行政機関で作成される運用規程に紛れ込ませてくる可能性は十分にありうるのです。この点は注視する必要があるでしょう。

特定秘密保護法においては、「検証」の機能をどう担保するかが、制度の肝の一つです。この点がザルになってしまえば、好き放題に特定秘密が悪用される可能性が高まります。「後で検証されるかもしれない」という心理的な圧力は絶対に必要なのです。そのためにも、監視機関による監視や途中で廃棄させない仕組みをきちんと整備しなければならないのです。

そして本書で示した通り情報公開法、公文書管理法には、特定秘密保護法を無害化するヒントがあり、それらの法律間の整合性を精査、検証することが急務であると思われます。

おわりに　公文書と共に消されていく行政の責任と歴史の真相

特定秘密保護法は、二〇一三年一二月に法律としては成立しました。しかし、それにもかかわらず、というより、むしろ欠陥だらけの法案を無理やり押し通した当然の結果というべきでしょうが、同法を実際に施行するための具体的な運用方法に関する議論が進むにつれて、特定秘密保護法の問題点が、いっそう鮮明に浮かび上がってきています。

名ばかりの監視機関のもと特定秘密保護法の施行へ

国会では、二〇一四年六月二〇日、政府が行う特定秘密の指定や解除が適切かどうかをチェックするため、国会に常設の「情報監視審査会」を設ける改正国会法が成立しました。審査会は両院それぞれに八人の議員で設けることになっています。

ところが、この審査会では、例えば特定秘密の「指定」が不適切だったとしても、解除すべきと「勧告」することができるだけです。政府はこの勧告に従う義務はありません。

また、この対象となった情報が、政府の失策に関わる文書であった場合でも、特定秘密が解除されない限りは、その内容を問題にすることはできません。審査会以外の場で内容を話せば、「漏洩」として逮捕されてしまいます。

また、そもそも政府は、「特定秘密」を審査会に見せることを拒否することが可能です。審査会に見せるか否かの判断はあくまで行政機関の側が握っています。審査会に特定秘密の解除の強制権を持たせるかは、今後議論になるだろうと思いますが、審査を拒否できる権限を、監視を受ける行政機関側が持っている以上、適正な運営が行えるとは到底思えません。これでは結局、行政の暴走をストップできず、国民に多くの不利益がもたらされることは、本書で繰り返し指摘してきたとおりです。

さらに二〇一四年七月一七日には、特定秘密の指定や解除の統一基準を議論する有識者会議「情報保全諮問会議」（座長・渡辺恒雄読売新聞グループ本社会長）が首相官邸で開かれ、その場で法律の運用に関する政府の運用基準案が示されました。なお、この会議は一月に第一回目の会議が開かれて以降、この七月一七日まで会議が行われていません。その間、裏で個別に官僚や委員が意見交換を行ったりしており、議論の途中過程を国民に説明しようとしませんでした。

しかも、七月二日に「準備会合」なるものを開いて実質的な議論を行っており（一七日の第二回会議は、大臣のあいさつなど形式的なことしか行っていない）、議事録を作成していません（「毎日新聞」二〇一四年八月二九日朝刊）。正式な会議は議事録を作成しなければならないため、「準備会合」にして議事録作成を逃れようとしたのです。

こういったやり方からしても、彼らは内容によほど自信がないのであろうと思いますが、ともかく、その運用基準案には、特定秘密に当たる情報を五五項目に細分することや、二つの「監視機関」を設けること、不適切な運用に関する内部の通報制度を創設すること、などといった方針が含まれていました。

しかし、この「監視機関」も名ばかりで、各省庁の次官級による「内閣保全監視委員会」（仮称。以下同）を内閣官房に置くとともに、審議官級による「独立公文書管理監」とその事務を支える「情報保全監察室」を内閣府に設置する、というものに過ぎません。どちらも官僚だけの機構であり、仲間内の官僚による官僚の「監視」がいかに頼りにならないものか、それは誰が考えても分かることです。

しかも実際にこの作業を進めるためには、相当な数の人員と事務量が必要になるはずですが、それをいったいどうやって確保するのかという説明も欠落しています。そして、どちらの組織にしても、特定秘密を指定した関係省庁の大臣らに対し、関連資料の提出や説明、是正を強制するような権限は付与されていません。とてもではありませんが、監視機能が働くとは思えません。

また運用基準案では、特定秘密を扱う外務、防衛両省など一九の行政機関に、不適切な運用に関する「内部通報窓口」を設けるとしています。ですが、特定秘密の内容を漏洩しないように「要約」して通報する、つまり内容を具体的に知らせずに特定秘密指定が法的におかしいと通報者が証明する必要があります。どうやって、特定秘密の内容に触れずに法的におかしいと説明できるのかさっぱり意味が分かりません。

さらに、第三者的機関とされる独立公文書管理監に通報するには、行政機関の長が調査に着手しなかった場合など、相当に限られたケースの時にしか行うことができません。つまり、内部でもみ消せと言わんばかりの通報者制度です。この制度の下で、積極的に問題を通報する人が出るとはとても思えず、国民からの批判をかわすためのアリバイとして、おざなりな制度を作ったようにしか見えません。

このように、施行準備の過程でますます問題点が鮮明になってきた特定秘密保護法は、一日も早く廃止すべきであり、情報公開法と公文書管理法が示している本来の枠組みに基づき、適切な情報公開と公文書の管理を実現していくことが望まれます。そのためにも、国立公文書館の抜本的な強化をはじめ必要な体制の整備に力を注ぐべきですし（二〇一四年八月二九日、内閣府に設けられた「国立公文書館の機能・施設の在り方等に関する調査検討会議」が「中間提言」を発表しました。施設拡充の必要性には触れているとはいえ、本書で書いた多くの課題は言及されていません）、国民の一人ひとりがそれを要求していくことが大切になるのではないでしょうか。

前近代的な国家の秘密主義から国民主権を取り戻すために

一方、わたしたちが本書の刊行を準備している間にも、情報公開と適切な公文書管理の重要性を痛感させる出来事があいついでいます。

沖縄返還をめぐる密約文書の開示に関する最高裁判決もその一つでした。この裁判は、沖縄返還をめぐる密約文書の開示を求め、元毎日新聞記者の西山太吉さんや作家の澤地久枝さんなど二三人が二〇〇九年に国を訴えていたものです。二〇一四年七月一四日の最高裁判決は、密約文書が存在したこと自体については、二審の東京高裁判決を支持し、認めざるを得ませんでした。しかし、「すでに文書は廃棄された」という国側の主張を認め、「開示せよ」との訴えについては退けています。情報公開の請求者に対し文書の存在を証明する責任まで求めた今回の判決は、情報公開法と公文書管理法の基本理念に反しており、行政が自分の都合で情報を隠すことを認める特定秘密保護法の論理に立つものです。

また、戦後外交文書の二〇一四年七月二四日の公開で、一九六一（昭和三六）年一一月の核兵器使用禁止を求める国連決議に日本政府が賛成投票したのは、国内世論に対する配慮からであったこと、一九六四年の中国の核実験に関していえば、警戒を強めていた米政府とは異なり、日本政府は極めて楽観的な見通しで臨んでいたこと、などが、初めて明らかになりました。

このような国の安全保障に関する重要な情報も、今回の特定秘密保護法の下では、半永久的に秘密に付される公算が高くなります。安全保障に関する情報といえども、「特定秘密」という例外扱いにせず、あくまで情報公開法と公文書管理法の枠組みの下に置いておくことの大切さが、改めて示されたといえるでしょう。

情報公開と知る権利の重要性を認識した多くの人々が、政治的な立場の違いを越え、三〇年以上の歳月をかけ、秘密保持と情報公開とのバランスにも注意を払い、ようやくまとめ上げた仕組みが、情報公開法と公文書管理法にほかなりません。情報公開の後進国であった日本は、これでようやく世界に恥ずかしくない体制を築くスタートラインに立ったはずでした。

それに対し、その努力と知恵をまったく無視したところに存在するのが特定秘密保護法です。一日も早く特定秘密保護法を撤廃するとともに、情報公開の徹底と公文書管理制度の確立、そして公文書館の拡充整備を実現することこそが、国民主権を保障していく道です。そのために本書が役立つことを願ってやみません。

＊

集英社新書編集部の伊藤直樹さんと久保が初めてお会いしたのは、二〇一三年一〇月、

「特定秘密保護法案に反対する学者の会」の記者会見の場です。歴史学の立場からの説明に注目された伊藤さんは、筆者たちにさっそく本書執筆の可能性を打診してこられました。それから一年という短時日のうちに本書を刊行できたのは、伊藤さんをはじめとする集英社新書編集部の皆さんの熱意と叱咤《しった》激励のたまものというほかありません。最後に改めてお礼申しあげます。

二〇一四年九月

久保　亨
瀬畑　源

註

序章

＊1　保坂渉『厚生省AIDSファイル』岩波書店、一九九七年、七―一五頁
＊2　政野淳子『四大公害病―水俣病、新潟水俣病、イタイイタイ病、四日市公害』中公新書、二〇一三年、九―一一頁
＊3　『朝日新聞』二〇一三年一一月三日朝刊
＊4　若泉敬『他策ナカリシヲ信ゼムト欲ス』文藝春秋、一九九四年、四四三―四四九頁
＊5　外務省「いわゆる『密約』問題に関する有識者委員会報告書」
http://www.mofa.go.jp/mofaj/gaiko/mitsuyaku/pdfs/hokoku_yushiki.pdf
＊6　国立公文書館「独立行政法人国立公文書館の概要」一頁
http://www.archives.go.jp/information/pdf/gaiyou.pdf

第一章

本章で注記が無いものは、拙著『公文書をつかう』青弓社、二〇一一年、一九―六九頁を参照のこと。
＊1　『高見順日記』第五巻、勁草書房、一九六五年、一一頁
＊2　吉田裕「敗戦前後における公文書の焼却と隠匿」『現代歴史学と戦争責任』青木書店、一九九七年、一二七―一三〇頁

＊3　加藤聖文「敗戦と公文書廃棄―植民地・占領地における実態」『史料館研究紀要』三三号、二〇〇二年、一〇六頁

＊4　田中宏巳「［解説］米議会図書館（ＬＣ）所蔵の旧陸海軍資料について」田中宏巳編『米議会図書館所蔵占領接収旧陸海軍資料総目録』東洋書林、一九九五年、x頁

＊5　『毎日新聞』二〇一三年三月八日朝刊

＊6　山本和重「自治体史編纂と軍事史研究」『季刊戦争責任研究』二〇〇四年秋季号、三一―三九頁、吉田裕「加害の『忘却』と日本政府」『視覚表象と集合的記憶』旬報社、二〇〇六年、二三七―二四二頁

＊7　「衆議院議員保坂展人君提出『大東亜戦争』と靖国神社に関する質問に対する答弁書」二〇〇一年八月二八日　http://www.shugiin.go.jp/internet/itdb_shitsumon.nsf/html/shitsumon/b152015.htm

＊8　『徳川義寛終戦日記』朝日新聞社、一九九九年、二八二頁

＊9　加藤聖文「喪われた記録―戦時下の公文書廃棄」『国文学研究資料館紀要　アーカイブズ研究篇』一号、二〇〇五年、一―二七頁

＊10　行政管理庁行政管理局「各省庁における文書管理に関する調査結果」『Ｏ＆Ｍ情報』一九七六年三月号、四二―六一頁

＊11　朝日新聞情報公開取材班『開かれた政府を　日本での情報公開』朝日新聞社、一九八一年、九八頁

第二章

本章で注記が無いものは、拙著『公文書をつかう』六九―一二三頁を参照のこと。

＊1　マックス・ウェーバー著、世良晃志郎訳『支配の社会学Ⅰ』創文社、一九六〇年、一二一―一二四頁

＊2　訳は瀬畑。一八二二年八月四日、ウィリアム・テイラー・バリーに宛てた手紙の冒頭の一節。http://oll.libertyfund.org/titles/1940#lf1356-09_head_030

＊3　林田学『情報公開法』中公新書、二〇〇一年、三七頁

＊4　岡本篤尚『国家秘密と情報公開―アメリカ情報自由法と国家秘密特権の法理』法律文化社、一九九八年、一―二二頁

＊5　『朝日新聞』一九八〇年一一月九日朝刊

＊6　鶴岡憲一・浅岡美恵『日本の情報公開法―抵抗する官僚』花伝社、一九九七年、一〇―五〇頁

＊7　東郷和彦「核密約『赤いファイル』はどこへ消えた」『文藝春秋』二〇〇九年一〇月号

＊8　「情報公開にまつわる日々の出来事―情報公開クリアリングハウス理事長日誌」二〇一二年三月一九日　http://johokokai.exblog.jp/17690697

第三章

＊1　内閣府「『原子力災害対策本部』に関するヒアリング結果」二頁 http://www8.cao.go.jp/koubuniinkai/iinkaisai/2011/20120229/20120229haifu1-1.pdf

＊2　内閣府「平成24年度における公文書等の管理等の状況について」二〇頁
http://www8.cao.go.jp/chosei/koubun/houkoku/heisei24nendo_houkoku.pdf
＊3　総務省「平成24年度における行政機関情報公開法の施行の状況について」五頁
http://www.soumu.go.jp/main_content/000273636.pdf
＊4　＊2に同じ。九五頁
＊5「日本海海戦電報報告1（1）」三〇頁、アジア歴史資料センター
http://www.jacar.go.jp/nichiro2/topic/djvu/topic01_03/C09050518500.djvu

第四章

＊1　久米邦武編『特命全権大使米欧回覧実記　第四篇　欧羅巴大洲ノ部　中』第七八巻三九〇―三九二頁、一八七三年五月二九日、ベネチア訪問時の記録

第四章の各国公文書館事情については、以下の皆様からも情報を提供していただきました。後藤春美（東京大学教授）、吉澤文寿（新潟国際情報大学教授）、川島真（東京大学准教授）。記してお礼申しあげます。ただし最終的な文責は筆者にあります。

第五章

＊1　日本弁護士連合会のウェブサイトで全文訳が公開されている。
「国家安全保障と情報への権利に関する国際原則（ツワネ原則）」

http://www.nichibenren.or.jp/library/ja/opinion/statement/data/2013/tshwane.pdf
＊2　「特定秘密保護法案　徹底批判（佐藤優×福島みずほ）その1」
http://blogos.com/article/75169/?p=2
＊3　谷垣禎一「われら自民党議員『スパイ防止法案』に反対する」『中央公論』一九八七年四月号、七九―八〇頁
＊4　「衆議院議員長妻昭君提出特定秘密保護法案及び防衛省の秘密解除後の文書公開と破棄に関する質問に対する答弁書」二〇一三年一一月六日
http://www.shugiin.go.jp/internet/itdb_shitsumon.nsf/html/shitsumon/b185098.htm

参考文献

青山英幸『アーカイブズとアーカイバル・サイエンス―歴史的背景と課題』岩田書院、二〇〇四年
浅井直人ほか『逐条解説　公文書管理法・施行令』（改訂版）ぎょうせい、二〇一一年
朝日新聞情報公開取材班『開かれた政府を　日本での情報公開』朝日新聞社、一九八一年
今岡直子（国立国会図書館調査及び立法考査局行政法務課）「諸外国における国家秘密の指定と解除―特定秘密保護法案をめぐって」『調査と情報』二〇一三年一〇月三一日
マックス・ウェーバー著、世良晃志郎訳『支配の社会学Ⅰ』創文社、一九六〇年
宇賀克也『逐条解説　公文書等の管理に関する法律』（改訂版）、第一法規、二〇一一年
宇賀克也『新・情報公開法の逐条解説：行政機関情報公開法・独立行政法人等情報公開法』（第六版）、有斐閣、二〇一四年
右崎正博・三宅弘編『情報公開を進めるための公文書管理法解説』日本評論社、二〇一一年
大澤武彦「中国国家档案局・中央档案館の最近の動向」『アーカイブズ』五二号、二〇一四年
小川千代子『世界の文書館』岩田書院、二〇〇〇年
海渡雄一・清水勉・田島泰彦編『秘密保護法　何が問題か―検証と批判』岩波書店、二〇一四年
加藤聖文「敗戦と公文書廃棄―植民地・占領地における実態」『史料館研究紀要』三三号、二〇〇一年
加藤聖文「喪われた記録―戦時下の公文書廃棄」『国文学研究資料館紀要　アーカイブズ研究篇』一号、二〇〇五年

菊池光興「世界の公文書館を巡る動向と日本の課題」『アーカイブズ』三八号、二〇一〇年
櫻井敏雄「公文書をめぐる諸課題―公文書管理法、情報公開法、特定秘密保護法」『立法と調査』二〇一四年一月号
自由法曹団・秘密保護法プロジェクト編『これが秘密保護法だ―全条文徹底批判』合同出版、二〇一四年
瀬畑源『公文書をつかう―公文書管理制度と歴史研究』青弓社、二〇一一年
田島泰彦・清水勉編『秘密保全法批判―脅かされる知る権利』日本評論社、二〇一三年
鶴岡憲一・浅岡美恵『日本の情報公開法―抵抗する官僚』花伝社、一九九七年
林田学『情報公開法』中公新書、二〇〇一年
吉田裕『現代歴史学と戦争責任』青木書店、一九九七年
米川恒夫「ベトナムの公文書館制度について」『アーカイブズ』二六号、二〇〇七年

「源清流清―瀬畑源ブログ」 http://h-sebata.blog.so-net.ne.jp/
「情報公開にまつわる日々の出来事―情報公開クリアリングハウス理事長日誌」(三木由希子理事長)
http://johokokai.exblog.jp/
History of the Public Records Acts
http://www.nationalarchives.gov.uk/information-management/legislation/public-records-act/history-of-pra/

付録1　特定秘密の保護に関する法律

（平成二五年一二月一三日法律第一〇八号）
＊本文と関係する条文を抜粋

第一章　総則

第一条（目的）この法律は、国際情勢の複雑化に伴い我が国及び国民の安全の確保に係る情報の重要性が増大するとともに、高度情報通信ネットワーク社会の発展に伴いその漏えいの危険性が懸念される中で、我が国の安全保障（国の存立に関わる外部からの侵略等に対して国家及び国民の安全を保障することをいう。以下同じ。）に関する情報のうち特に秘匿することが必要であるものについて、これを適確に保護する体制を確立した上で収集し、整理し、及び活用することが重要であることに鑑み、当該情報の保護に関し、特定秘密の指定及び取扱者の制限その他の必要な事項を定めることにより、その漏えいの防止を図り、もって我が国及び国民の安全の確保に資することを目的とする。

第二条（定義）この法律において「行政機関」とは、次に掲げる機関をいう。〔略〕

第二章　特定秘密の指定等

第三条（特定秘密の指定）行政機関の長〔中略〕は、当該行政機関の所掌事務に係る別表に掲げる事項に関する情報であって、公になっていないもののうち、その漏えいが我が国の安全保障に著しい支障を与えるおそれがあるため、特に秘匿することが必要であるもの（日米相互防衛援助協定等に伴う秘密保護法（昭和二十九年法律第百六十六号）第一条第三項に規定する特別防衛秘密に該当するものを除く。）を特定秘密として指定するものとする。ただし、内閣総理大臣が第十八条第二項に規定する者の意見を聴いて政令で定める行政機関の長については、この限りでない。

（2、3　略）

第四条（指定の有効期間及び解除）行政機関の長は、指定をするときは、当該指定の日から起算して五年を超えない範囲内においてその有効期間を定めるものとする。

2　行政機関の長は、指定の有効期間（この項の規定により延長した有効期間を含む。）が満了する時において、当該指定をした情報が前条第一項に規定する要件を満たすときは、政令で定めるところにより、五年を超えない範囲内においてその有効期間を延長するものとする。

3　指定の有効期間は、通じて三十年を超えることができない。

4　前項の規定にかかわらず、政府の有するその諸活動を国民に説明する責務を全うする観点に立っても、なお指定に係る情報を公にしないことが現に我が国及び国民の安全を確保するためにやむを得ないものであることについて、その理由を示して、内閣の承認を得た場合〔中略〕は、行政機関の長は、当該指定の有効期間を、通じて三十年を超えて延長することができる。ただし、次の各号に掲げる事項に関する情報を除き、指定の有効期間は、通じて六十年を超えることができない。
一　武器、弾薬、航空機その他の防衛の用に供する物（船舶を含む。別表第一号において同じ。）
二　現に行われている外国（本邦の域外にある国又は地域をいう。以下同じ。）の政府又は国際機関との交渉に不利益を及ぼすおそれのある情報
三　情報収集活動の手法又は能力
四　人的情報源に関する情報
五　暗号
六　外国の政府又は国際機関から六十年を超えて指定を行うことを条件に提供された情報
七　前各号に掲げる事項に関する情報に準ずるもので政令で定める重要な情報
（5　略）
6　行政機関の長は、第四項の内閣の承認が得られなかったときは、公文書等の管理に関する法律（平成二十一年法律第六十六号）第八条第一項の規定にかかわらず、当該指定に係る情報が記録された行政文書ファイル等（同法第五条第五項に規定する行政文書ファイル等をいう。）の保存期間の満了とともに、これを国立公文書館等（同法第二条第三項に規定する国立公文書館等をいう。）に移管しなければならない。
7　行政機関の長は、指定をした情報が前条第一項に規定する要件を欠くに至ったときは、有効期間内であっても、政令で定めるところにより、速やかにその指定を解除するものとする。

第六章　雑則

第十八条（特定秘密の指定等の運用基準等）政府は、特定秘密の指定及びその解除並びに適性評価の実施に関し、統一的な運用を図るための基準を定めるものとする。
2　内閣総理大臣は、前項の基準を定め、又はこれを変更しようとするときは、我が国の安全保障に関する情報の保護、行政機関等の保有する情報の公開、公文書等の管理等に関し優れた識見を有する者の意見を聴いた上で、その案を作成し、閣議の決定を求めなければならない。
3　内閣総理大臣は、毎年、第一項の基準に基づく特定秘密の指定及びその解除並びに適性評価の実施の状況を前項に規定する者に報告し、その意見を聴かなければならない。
4　内閣総理大臣は、特定秘密の指定及びその解除並びに適性評価の実施の状況に関し、その適正を確保するため、第一項の基準に基づいて、内閣を代表して行政各部を指揮監督するものとする。この場合において、内閣総理大臣は、特定秘密の指定及びその解除並びに適性評価の実施が当該基準に従って行われていることを確保するため、必要があると認めるときは、行政機関の長（会計検査院を除く。）に対し、特定秘密である情報を含む資料の提出及び説明を求め、並びに特定秘密の指定及びその解除並びに適性評価の実施について改善すべき旨の指示をすることができる。
第十九条（国会への報告等）政府は、毎年、前条第三項の意見を付して、特定秘密の指定及びその解除並びに適性評価の実施の状況について国会に報告するとともに、公表するものとする。

第二十二条（この法律の解釈適用）この法律の適用に当たっては、これを拡張して解釈して、国民の基本的人権を不当に侵害するようなことがあってはならず、国民の知る権利の保障に資する報道又は取材の自由に十分に配慮しなければならない。

2　出版又は報道の業務に従事する者の取材行為については、専ら公益を図る目的を有し、かつ、法令違反又は著しく不当な方法によるものと認められない限りは、これを正当な業務による行為とするものとする。

第七章　罰則

第二十三条　特定秘密の取扱いの業務に従事する者がその業務により知得した特定秘密を漏らしたときは、十年以下の懲役に処し、又は情状により十年以下の懲役及び千万円以下の罰金に処する。特定秘密の取扱いの業務に従事しなくなった後においても、同様とする。

2　第四条第五項、第九条、第十条又は第十八条第四項後段の規定により提供された特定秘密について、当該提供の目的である業務により当該特定秘密を知得した者がこれを漏らしたときは、五年以下の懲役に処し、又は情状により五年以下の懲役及び五百万円以下の罰金に処する。第十条第一項第一号ロに規定する場合において提示された特定秘密について、当該特定秘密の提示を受けた者がこれを漏らしたときも、同様とする。

3　前二項の罪の未遂は、罰する。

（4、5　略）

第二十四条　外国の利益若しくは自己の不正の利益を図り、又は我が国の安全若しくは国民の生命若しくは身体を害すべき用途に供する目的で、人を欺き、人に暴行を加え、若しくは人を脅迫する行為により、又は財物の窃取若しくは損壊、施設への侵入、有線電気通信の傍受、不正アクセス行為（不正アクセス行為の禁止等に関する法律（平成十一年法律第百二十八号）第二条第四項に規定する不正アクセス行為をいう。）その他の特定秘密を保有する者の管理を害する行為により、特定秘密を取得した者は、十年以下の懲役に処し、又は情状により十年以下の懲役及び千万円以下の罰金に処する。

2　前項の罪の未遂は、罰する。

（3　略）

第二十五条　第二十三条第一項又は前条第一項に規定する行為の遂行を共謀し、教唆し、又は煽動した者は、五年以下の懲役に処する。

2　第二十三条第二項に規定する行為の遂行を共謀し、教唆し、又は煽動した者は、三年以下の懲役に処する。

附則

第九条（指定及び解除の適正の確保）政府は、行政機関の長による特定秘密の指定及びその解除に関する基準等が真に安全保障に資するものであるかどうかを独立した公正な立場において検証し、及び監察することのできる新たな機関の設置その他の特定秘密の指定及びその解除の適正を確保するために必要な方策について検討し、その結果に基づいて所要の措置を講ずるものとする。

別表（第三条、第五条―第九条関係）

一　防衛に関する事項

イ　自衛隊の運用又はこれに関する見積り若しくは計画若しくは研究

ロ　防衛に関し収集した電波情報、画像情報その他の重要な情報

ハ　ロに掲げる情報の収集整理又はその能力

ニ　防衛力の整備に関する見積り若しくは計画又は研究

ホ　武器、弾薬、航空機その他の防衛の用に供する物の種類又は数量

へ　防衛の用に供する通信網の構成又は通信の方法

ト　防衛の用に供する暗号

チ　武器、弾薬、航空機その他の防衛の用に供する物又はこれらの物の研究開発段階のものの仕様、性能又は使用方法

リ　武器、弾薬、航空機その他の防衛の用に供する物又はこれらの物の研究開発段階のものの製作、検査、修理又は試験の方法

ヌ　防衛の用に供する施設の設計、性能又は内部の用途（へに掲げるものを除く。）

二　外交に関する事項

イ　外国の政府又は国際機関との交渉又は協力の方針又は内容のうち、国民の生命及び身体の保護、領域の保全その他の安全保障に関する重要なもの

ロ　安全保障のために我が国が実施する貨物の輸出若しくは輸入の禁止その他の措置又はその方針（第一号イ若しくはニ、第三号イ又は第四号イに掲げるものを除く。）

ハ　安全保障に関し収集した国民の生命及び身体の保護、領域の保全若しくは国際社会の平和と安全に関する重要な情報又は条約その他の国際約束に基づき保護することが必要な情報（第一号ロ、第三号ロ又は第四号ロに掲げるものを除く。）

ニ　ハに掲げる情報の収集整理又はその能力

ホ　外務省本省と在外公館との間の通信その他の外交の用に供する暗号

三　特定有害活動の防止に関する事項

イ　特定有害活動による被害の発生若しくは拡大の防止（以下この号において「特定有害活動の防止」という。）のための措置又はこれに関する計画若しくは研究

ロ　特定有害活動の防止に関し収集した国民の生命及び身体の保護に関する重要な情報又は外国の政府若しくは国際機関からの情報

ハ　ロに掲げる情報の収集整理又はその能力

ニ　特定有害活動の防止の用に供する暗号

四　テロリズムの防止に関する事項

イ　テロリズムによる被害の発生若しくは拡大の防止（以下この号において「テロリズムの防止」という。）のための措置又はこれに関する計画若しくは研究

ロ　テロリズムの防止に関し収集した国民の生命及び身体の保護に関する重要な情報又は外国の政府若しくは国際機関からの情報

ハ　ロに掲げる情報の収集整理又はその能力

ニ　テロリズムの防止の用に供する暗号

付録2　公文書等の管理に関する法律

（平成二一年七月一日法律第六六号）
*本文と関係する条文を抜粋

第一章　総則

第一条（目的）この法律は、国及び独立行政法人等の諸活動や歴史的事実の記録である公文書等が、健全な民主主義の根幹を支える国民共有の知的資源として、主権者である国民が主体的に利用し得るものであることにかんがみ、国民主権の理念にのっとり、公文書等の管理に関する基本的事項を定めること等により、行政文書等の適正な管理、歴史公文書等の適切な保存及び利用等を図り、もって行政が適正かつ効率的に運営されるようにするとともに、国及び独立行政法人等の有するその諸活動を現在及び将来の国民に説明する責務が全うされるようにすることを目的とする。

第二条（定義）この法律において「行政機関」とは、次に掲げる機関をいう。〔略〕

（2　略）

3　この法律において「国立公文書館等」とは、次に掲げる施設をいう。

一　独立行政法人国立公文書館（以下「国立公文書館」という。）の設置する公文書館

二　行政機関の施設及び独立行政法人等の施設であって、前号に掲げる施設に類する機能を有するものとして政令で定めるもの

4　この法律において「行政文書」とは、行政機関の職員が職務上作成し、又は取得した文書（図画及び電磁的記録（電子的方式、磁気的方式その他人の知覚によっては認識することができない方式で作られた記録をいう。以下同じ。）を含む。第十九条を除き、以下同じ。）であって、当該行政機関の職員が組織的に用いるものとして、当該行政機関が保有しているものをいう。ただし、次に掲げるものを除く。

一　官報、白書、新聞、雑誌、書籍その他不特定多数の者に販売することを目的として発行されるもの

二　特定歴史公文書等

三　政令で定める研究所その他の施設において、政令で定めるところにより、歴史的若しくは文化的な資料又は学術研究用の資料として特別の管理がされているもの（前号に掲げるものを除く。）

（5　略）

6　この法律において「歴史公文書等」とは、歴史資料として重要な公文書その他の文書をいう。

7　この法律において「特定歴史公文書等」とは、歴史公文書等のうち、次に掲げるものをいう。

一　第八条第一項の規定により国立公文書館等に移管されたもの

（二〜四　略）

8　この法律において「公文書等」とは、次に掲げるものをいう。

一　行政文書
二　法人文書
三　特定歴史公文書等

第三条（他の法令との関係）公文書等の管理については、他の法律又はこれに基づく命令に特別の定めがある場合を除くほか、この法律の定めるところによる。

第二章　行政文書の管理

第一節　文書の作成

第四条　行政機関の職員は、第一条の目的の達成に資するため、当該行政機関における経緯も含めた意思決定に至る過程並びに当該行政機関の事務及び事業の実績を合理的に跡付け、又は検証することができるよう、処理に係る事案が軽微なものである場合を除き、次に掲げる事項その他の事項について、文書を作成しなければならない。

一　法令の制定又は改廃及びその経緯
二　前号に定めるもののほか、閣議、関係行政機関の長で構成される会議又は省議（これらに準ずるものを含む。）の決定又は了解及びその経緯
三　複数の行政機関による申合せ又は他の行政機関若しくは地方公共団体に対して示す基準の設定及びその経緯
四　個人又は法人の権利義務の得喪及びその経緯
五　職員の人事に関する事項

第二節　行政文書の整理等

第五条（整理）行政機関の職員が行政文書を作成し、又は取得したときは、当該行政機関の長は、政令で定めるところにより、当該行政文書について分類し、名称を付するとともに、保存期間及び保存期間の満了する日を設定しなければならない。

2　行政機関の長は、能率的な事務又は事業の処理及び行政文書の適切な保存に資するよう、単独で管理することが適当であると認める行政文書を除き、適時に、相互に密接な関連を有する行政文書（保存期間を同じくすることが適当であるものに限る。）を一の集合物（以下「行政文書ファイル」という。）にまとめなければならない。

3　前項の場合において、行政機関の長は、政令で定めるところにより、当該行政文書ファイルについて分類し、名称を付するとともに、保存期間及び保存期間の満了する日を設定しなければならない。

4　行政機関の長は、第一項及び前項の規定により設定した保存期間及び保存期間の満了する日を、政令で定めるところにより、延長することができる。

5　行政機関の長は、行政文書ファイル及び単独で管理している行政文書（以下「行政文書ファイル等」という。）について、保存期間（延長された場合にあっては、延長後の保存期間。以下同じ。）の満了前のできる限り早い時期に、保存期間が満了したときの措置として、歴史公文書等に該当するものにあっては政令で定めるところにより国立公文書館等への移管の措置を、それ以外のものにあっては廃棄の措置をとるべきことを定めなければならない。

第六条（保存）行政機関の長は、行政文書ファイル等について、当

該行政文書ファイル等の保存期間の満了する日までの間、その内容、時の経過、利用の状況等に応じ、適切な保存及び利用を確保するために必要な場所において、適切な記録媒体により、識別を容易にするための措置を講じた上で保存しなければならない。

2 前項の場合において、行政機関の長は、当該行政文書ファイル等の集中管理の推進に努めなければならない。

第七条（行政文書ファイル管理簿）行政機関の長は、行政文書ファイル等の管理を適切に行うため、政令で定めるところにより、行政文書ファイル等の分類、名称、保存期間、保存期間の満了する日、保存期間が満了したときの措置及び保存場所その他の必要な事項（中略）を帳簿（以下「行政文書ファイル管理簿」という。）に記載しなければならない。（略）

2 行政機関の長は、行政文書ファイル管理簿について、政令で定めるところにより、当該行政機関の事務所に備えて一般の閲覧に供するとともに、電子情報処理組織を使用する方法その他の情報通信の技術を利用する方法により公表しなければならない。

第八条（移管又は廃棄）行政機関の長は、保存期間が満了した行政文書ファイル等について、第五条第五項の規定による定めに基づき、国立公文書館等に移管し、又は廃棄しなければならない。

2 行政機関（中略）の長は、前項の規定により、保存期間が満了した行政文書ファイル等を廃棄しようとするときは、あらかじめ、内閣総理大臣に協議し、その同意を得なければならない。この場合において、内閣総理大臣の同意が得られないときは、当該行政機関の長は、当該行政文書ファイル等について、新たに保存期間及び保存期間の満了する日を設定しなければならない。

3 行政機関の長は、第一項の規定により国立公文書館等に移管する行政文書ファイル等について、第十六条第一項第一号に掲げる場合に該当するものとして国立公文書館等において利用の制限を行うことが適切であると認める場合には、その旨の意見を付さなければならない。

4 内閣総理大臣は、行政文書ファイル等について特に保存の必要があると認める場合には、当該行政文書ファイル等を保有する行政機関の長に対し、当該行政文書ファイル等について、廃棄の措置をとらないように求めることができる。

第九条（管理状況の報告等）行政機関の長は、行政文書ファイル管理簿の記載状況その他の行政文書の管理の状況について、毎年度、内閣総理大臣に報告しなければならない。

2 内閣総理大臣は、毎年度、前項の報告を取りまとめ、その概要を公表しなければならない。

3 内閣総理大臣は、第一項に定めるもののほか、行政文書の適正な管理を確保するために必要があると認める場合には、行政機関の長に対し、行政文書の管理について、その状況に関する報告若しくは資料の提出を求め、又は当該職員に実地調査をさせることができる。

4 内閣総理大臣は、前項の場合において歴史公文書等の適切な移管を確保するために必要があると認めるときは、国立公文書館に、当該報告若しくは資料の提出を求めさせ、又は実地調査をさせることができる。

第十条（行政文書管理規則）行政機関の長は、行政文書の管理が第四条から前条までの規定に基づき適正に行われることを確保するため、行政文書の管理に関する定め（以下「行政文書管理規則」という。）を設けなければならない。

2　行政文書管理規則には、行政文書に関する次に掲げる事項を記載しなければならない。

一　作成に関する事項

二　整理に関する事項

三　保存に関する事項

四　行政文書ファイル管理簿に関する事項

五　移管又は廃棄に関する事項

六　管理状況の報告に関する事項

七　その他政令で定める事項

3　行政機関の長は、行政文書管理規則を設けようとするときは、あらかじめ、内閣総理大臣に協議し、その同意を得なければならない。これを変更しようとするときも、同様とする。

4　行政機関の長は、行政文書管理規則を設けたときは、遅滞なく、これを公表しなければならない。これを変更したときも、同様とする。

第四章　歴史公文書等の保存、利用等

第十五条（特定歴史公文書等の保存等）国立公文書館等の長（中略）は、特定歴史公文書等について、第二十五条の規定により廃棄されるに至る場合を除き、永久に保存しなければならない。

（2～4　略）

第十六条（特定歴史公文書等の利用請求及びその取扱い）国立公文書館等の長は、当該国立公文書館等において保存されている特定歴史公文書等について前条第四項の目録の記載に従い利用の請求があった場合には、次に掲げる場合を除き、これを利用させなければならない。

一　当該特定歴史公文書等が行政機関の長から移管されたものであって、当該特定歴史公文書等に次に掲げる情報が記録されている場合

イ　行政機関情報公開法第五条第一号に掲げる情報

ロ　行政機関情報公開法第五条第二号又は第六号イ若しくはホに掲げる情報

ハ　公にすることにより、国の安全が害されるおそれ、他国若しくは国際機関との信頼関係が損なわれるおそれ又は他国若しくは国際機関との交渉上不利益を被るおそれがあると当該特定歴史公文書等を移管した行政機関の長が認めることにつき相当の理由がある情報

ニ　公にすることにより、犯罪の予防、鎮圧又は捜査、公訴の維持、刑の執行その他の公共の安全と秩序の維持に支障を及ぼすおそれがあると当該特定歴史公文書等を移管した行政機関の長が認めることにつき相当の理由がある情報

（二～五　略）

2　国立公文書館等の長は、前項に規定する利用の請求（以下「利用請求」という。）に係る特定歴史公文書等が同項第一号又は第二号に該当するか否かについて判断するに当たっては、当該特定歴史公文書等が行政文書又は法人文書として作成又は取得されてからの時の経過を考慮するとともに、当該特定歴史公文書等に第八条第三項又は第十一条第五項の規定による意見が付されている

場合には、当該意見を参酌しなければならない。

（3　略）


第二十一条（異議申立て及び公文書管理委員会への諮問）利用請求に対する処分又は利用請求に係る不作為について不服がある者は、国立公文書館等の長に対し、行政不服審査法（昭和三十七年法律第百六十号）による異議申立てをすることができる。

（2　略）


第二十六条（保存及び利用の状況の報告等）国立公文書館等の長は、特定歴史公文書等の保存及び利用の状況について、毎年度、内閣総理大臣に報告しなければならない。
2　内閣総理大臣は、毎年度、前項の報告を取りまとめ、その概要を公表しなければならない。

第二十七条（利用等規則）国立公文書館等の長は、特定歴史公文書等の保存、利用及び廃棄が第十五条から第二十条まで及び第二十三条から前条までの規定に基づき適切に行われることを確保するため、特定歴史公文書等の保存、利用及び廃棄に関する定め（以下「利用等規則」という。）を設けなければならない。

（2〜4　略）

第五章　公文書管理委員会

第二十八条（委員会の設置）内閣府に、公文書管理委員会（以下「委員会」という。）を置く。
2　委員会は、この法律の規定によりその権限に属させられた事項を処理する。
3　委員会の委員は、公文書等の管理に関して優れた識見を有する者のうちから、内閣総理大臣が任命する。
4　この法律に規定するもののほか、委員会の組織及び運営に関し必要な事項は、政令で定める。

第三十条（資料の提出等の求め）委員会は、その所掌事務を遂行するため必要があると認める場合には、関係行政機関の長又は国立公文書館等の長に対し、資料の提出、意見の開陳、説明その他必要な協力を求めることができる。

第六章　雑則

第三十一条（内閣総理大臣の勧告）内閣総理大臣は、この法律を実施するため特に必要があると認める場合には、行政機関の長に対し、公文書等の管理について改善すべき旨の勧告をし、当該勧告の結果とられた措置について報告を求めることができる。

付録3　行政機関の保有する情報の公開に関する法律

（平成一一年五月一四日法律第四二号）
＊本文と関係する条文を抜粋

第一章　総則

第一条（目的）この法律は、国民主権の理念にのっとり、行政文書の開示を請求する権利につき定めること等により、行政機関の保有する情報の一層の公開を図り、もって政府の有するその諸活動を国民に説明する責務が全うされるようにするとともに、国民の的確な理解と批判の下にある公正で民主的な行政の推進に資することを目的とする。

第二条（定義）この法律において「行政機関」とは、次に掲げる機関をいう。〔略〕

2　この法律において「行政文書」とは、行政機関の職員が職務上作成し、又は取得した文書、図画及び電磁的記録（電子的方式、磁気的方式その他人の知覚によっては認識することができない方式で作られた記録をいう。以下同じ。）であって、当該行政機関の職員が組織的に用いるものとして、当該行政機関が保有しているものをいう。〔略〕

第二章　行政文書の開示

第三条（開示請求権）何人も、この法律の定めるところにより、行政機関の長〔中略〕に対し、当該行政機関の保有する行政文書の開示を請求することができる。

第五条（行政文書の開示義務）行政機関の長は、開示請求があったときは、開示請求に係る行政文書に次の各号に掲げる情報（以下「不開示情報」という。）のいずれかが記録されている場合を除き、開示請求者に対し、当該行政文書を開示しなければならない。

一　個人に関する情報（事業を営む個人の当該事業に関する情報を除く。）であって、当該情報に含まれる氏名、生年月日その他の記述等により特定の個人を識別することができるもの（他の情報と照合することにより、特定の個人を識別することができることとなるものを含む。）又は特定の個人を識別することはできないが、公にすることにより、なお個人の権利利益を害するおそれがあるもの。ただし、次に掲げる情報を除く。

イ　法令の規定により又は慣行として公にされ、又は公にすることが予定されている情報

ロ　人の生命、健康、生活又は財産を保護するため、公にすることが必要であると認められる情報

ハ　当該個人が公務員等（〔中略〕国家公務員〔中略〕、独立行政法人等〔中略〕の役員及び職員、〔中略〕地方公務員並びに地方独立行政法人〔中略〕の役員及び職員〔中略〕）である場合において、当該情報がその職務の遂行に係る情報であるときは、当該情報のうち、当該公務員等の職及び当該職務遂行の内容に係る部分

二　法人その他の団体（国、独立行政法人等、地方公共団体及び地方独立行政法人を除く。以下「法人等」という。）に関する情報又は事業を営む個人の当該事業に関する情報であって、次に掲げるもの。ただし、人の生命、健康、生活又は財産を保護するため、公にすることが必要であると認められる情報を除く。

イ　公にすることにより、当該法人等又は当該個人の権利、競争上の地位その他正当な利益を害するおそれがあるもの

ロ　行政機関の要請を受けて、公にしないとの条件で任意に提供されたものであって、法人等又は個人における通例として公にしないこととされているものその他の当該条件を付することが当該情報の性質、当時の状況等に照らして合理的であると認められるもの

三　公にすることにより、国の安全が害されるおそれ、他国若しくは国際機関との信頼関係が損なわれるおそれ又は他国若しくは国際機関との交渉上不利益を被るおそれがあると行政機関の長が認めることにつき相当の理由がある情報

四　公にすることにより、犯罪の予防、鎮圧又は捜査、公訴の維持、刑の執行その他の公共の安全と秩序の維持に支障を及ぼすおそれがあると行政機関の長が認めることにつき相当の理由がある情報

五　国の機関、独立行政法人等、地方公共団体及び地方独立行政法人の内部又は相互間における審議、検討又は協議に関する情報であって、公にすることにより、率直な意見の交換若しくは意思決定の中立性が不当に損なわれるおそれ、不当に国民の間に混乱を生じさせるおそれ又は特定の者に不当に利益を与え若しくは不利益を及ぼすおそれがあるもの

六　国の機関、独立行政法人等、地方公共団体又は地方独立行政法人が行う事務又は事業に関する情報であって、公にすることにより、次に掲げるおそれその他当該事務又は事業の性質上、当該事務又は事業の適正な遂行に支障を及ぼすおそれがあるもの

イ　監査、検査、取締り、試験又は租税の賦課若しくは徴収に係る事務に関し、正確な事実の把握を困難にするおそれ又は違法若しくは不当な行為を容易にし、若しくはその発見を困難にするおそれ

ロ　契約、交渉又は争訟に係る事務に関し、国、独立行政法人等、地方公共団体又は地方独立行政法人の財産上の利益又は当事者としての地位を不当に害するおそれ

ハ　調査研究に係る事務に関し、その公正かつ能率的な遂行を不当に阻害するおそれ

ニ　人事管理に係る事務に関し、公正かつ円滑な人事の確保に支障を及ぼすおそれ

ホ　独立行政法人等、地方公共団体が経営する企業又は地方独立行政法人に係る事業に関し、その企業経営上の正当な利益を害するおそれ

第十条（開示決定等の期限）前条各項の決定（以下「開示決定等」という。）は、開示請求があった日から三十日以内にしなければならない。〔略〕

2　前項の規定にかかわらず、行政機関の長は、事務処理上の困難その他正当な理由があるときは、同項に規定する期間を三十日以

内に限り延長することができる。この場合において、行政機関の長は、開示請求者に対し、遅滞なく、延長後の期間及び延長の理由を書面により通知しなければならない。

第十一条（開示決定等の期限の特例）開示請求に係る行政文書が著しく大量であるため、開示請求があった日から六十日以内にそのすべてについて開示決定等をすることにより事務の遂行に著しい支障が生ずるおそれがある場合には、前条の規定にかかわらず、行政機関の長は、開示請求に係る行政文書のうちの相当の部分につき当該期間内に開示決定等をし、残りの行政文書については相当の期間内に開示決定等をすれば足りる。〔略〕

第三章　不服申立て等

第十八条（審査会への諮問）開示決定等について行政不服審査法（昭和三十七年法律第百六十号）による不服申立てがあったときは、当該不服申立てに対する裁決又は決定をすべき行政機関の長は、次の各号のいずれかに該当する場合を除き、情報公開・個人情報保護審査会（不服申立てに対する裁決又は決定をすべき行政機関の長が会計検査院の長である場合にあっては、別に法律で定める審査会）に諮問しなければならない。〔略〕

第四章　補則

第二十三条（施行の状況の公表）総務大臣は、行政機関の長に対し、この法律の施行の状況について報告を求めることができる。

2　総務大臣は、毎年度、前項の報告を取りまとめ、その概要を公表するものとする。

久保 亨(くぼ とおる)

一九五三年東京都生まれ。一橋大学大学院、東京大学東洋文化研究所助手を経て信州大学人文学部教授。中国近現代史専攻。著書に『社会主義への挑戦1945－1971〈シリーズ中国近現代史4〉』(岩波新書)等。

瀬畑 源(せばた はじめ)

一九七六年東京都生まれ。一橋大学大学院社会学研究科特任講師を経て長野県短期大学助教。一橋大学博士(社会学)。日本近現代政治史専攻。著書に『公文書をつかう　公文書管理制度と歴史研究』(青弓社)。

国家《こっか》と秘密《ひみつ》　隠《かく》される公文書《こうぶんしょ》

集英社新書〇七五九A

二〇一四年一〇月二二日　第一刷発行
二〇一七年　六 月一九日　第二刷発行

著者……久保《くぼ》　亨《とおる》／瀬畑《せばた》　源《はじめ》
発行者……茨木政彦
発行所……株式会社集英社
東京都千代田区一ツ橋二-五-一〇　郵便番号一〇一-八〇五〇
電話　〇三-三二三〇-六三九一(編集部)
〇三-三二三〇-六〇八〇(読者係)
〇三-三二三〇-六三九三(販売部)書店専用

装幀……原　研哉
印刷所……凸版印刷株式会社
製本所……加藤製本株式会社

定価はカバーに表示してあります。

ISBN 978-4-08-720759-0 C0231
Printed in Japan

a pilot of wisdom